JN121580

お金のことがわからない人のために
ESSE編集部が全部調べました
少しでも
お金で得するのはどっち?

二者択一、おトクなのはどっち？

この本は『ＥＳＳＥ』連載の「どっちがおトク？」２０１９年１月号〜２０２２年10月号分の中から、今の時世にニーズが高いテーマを選び、データなどを新しくして再編集したものです。

人は、よりおトクな方にひかれるものです。とくに、二者択一の場合で、どちらか一方を選択した方がよりおトクになる…となれば、どっち？と気になる人が多いでしょう。

そんな心理にマッチしたためか、おかげさまで「どっちがおトク？」の連載は、スタート当初から人気を集めました。なかにはＥＳＳＥオンラインに掲載されると、編集部が驚くほどの大反響を呼び、ネットで話題を呼んだテーマもありました。

『ＥＳＳＥ』での連載では、世の中で話題になっていることや、今後、注目を集めそうなテーマをタイムリーに取り上げてきました。

そのテーマは生活必需品から水道光熱費、家計管理、老後資金、税金、社会保険料、住宅ローン、教育費…など多岐にわたり、いつの世の中でも関心が高く、またどれもが「どっちがおトク？」か、気になるものばかり。生活に直結するお金への関心は、年々増す一方です。

テーマごとの短い読みきりになっているので、本のどこからでも読んでいただけます。おトクな情報をギュッと詰め込みました。

ぜひ、楽しみながら読んでみてください。

ESSE編集部「どっちがおトク？」班

教えてくれた皆さん（掲載順）

松崎のり子さん

消費経済ジャーナリスト。生活情報誌の編集者として20年以上にわたってマネー記事を担当し、「貯まる人」と「貯まらない人」のヒミツを分析。著書に『「3足1000円」の靴下を買う人は一生お金が貯まらない』（講談社刊）など。

丸山晴美さん

節約アドバイザー、消費生活アドバイザー、FP技能士2級。楽しみながら続けられる節約テクが人気。各種メディアで活躍。『知ってるだけで年間50万円浮く！！得するお金のスゴ技大全』（宝島社刊）など著書多数。

大岡智彦さん

自動車情報サイト「CORISM」編集長。自動車専門誌の編集長を経験後、ウェブの世界へ。新車&中古車購入テクニックから、試乗レポート、ドレスアップ関連まで幅広い分野に精通。

エネチェンジ

ENECHANGE株式会社が運営する電力·ガス比較サイト。最適プランを診断するサービスを提供。https://enechange.jp 。

畠中雅子さん

ファイナンシャルプランナー。相談業務のほか、新聞、雑誌、ウェブなどに数々の連載をもち、全国でセミナーや講演を行う。著書·監修書は『ラクに楽しくお金を貯めている私の「貯金簿」』（ぱる出版刊）など70冊を超える。

塚越菜々子さん

1級ファイナンシャル・プランニング技能士。保険等を取り扱わず、年間200件の家計相談、つみたてNISAやiDeCoなどのセミナーを多数開催。YouTube、SNS、書籍などで生活者目線のわかりやすい情報を発信中。

井戸美枝さん

社会保険労務士、CFP®。年金や社会保障についてのわかりやすい解説が人気。『一般論はもういいので、私の老後のお金「答え」をください!』（日経BP刊）など著書多数。

小林義崇さん

マネーライター。東京国税局に13年間勤め、相続税·贈与税の税務調査や確定申告の対応などを担当。執筆のほか、税やお金に関するセミナーを実施。著書に『すみません、金利ってなんですか?』（サンマーク出版刊）など。

永田博宣さん

（株）フリーダムリンク代表。宅地建物取引士、賃貸不動産経営管理士。不動産、相続分野に特化したファイナンシャル・プランナーとして不動産取引、不動産の活用管理、相続などのコンサルタント業務を行う。

沖 有人さん

不動産コンサルタント会社「スタイルアクト」代表。ベストセラーの『マンションは10年で買い替えなさい』（朝日新聞出版刊）など、著書多数。分譲マンション情報サイト「住まいサーフィン」を運営。

目次

Part 2

水道光熱費にまつわるどっちがおトク？ 45

Part 3

家計管理にまつわるどっちがおトク？ 69

Part 1

暮らしにまつわるどっちがおトク？

WHICH IS BETTER?

おトクなポイントの貯め方・使い方、今どきのクルマの利用の仕方、意外と知らない日用品のおトクな選び方など、暮らしにまつわる「どっちがおトク?」をズバリ！ジャッジします。

BETTER?

不用品を売るなら

フリマアプリ VS リサイクルショップ

長い間使っていないのに、収納場所をとる不用品。少しでも高く売るには、フリマアプリとリサイクルショップのどっちがいいの？

フリマアプリでは売値を自分で決められますが、リサイクルショップは店側が決めます。ここが、両者の根本的な違いです。

売りたい価格を自分で決めるフリマアプリでは、相場より高くつけても、買いたい人がいれば売れるので、思わぬもうけがあることも。一方、リサイクルショップ、とくにチェーン展開している大型店の場合、ものの価値を使用年数、保存状態、市場での人気度など総合的に判断して、目利きのプロが査定します。店側にもうけを出す妥当な金額でしか買い

WHICH IS

不用品を売るのに最適な場所

フリマアプリ	ファストファッション、日用品、雑貨など。使いかけコスメもOK
大型リサイクルショップ	ブランド品、高級品
地元のリサイクルショップ	値段がつかないようなものをまとめて引き取ってもらう場合

取りません。適正価格よりも高く買い取って、売り手がもうかり、店が損するような値段をつけることは、まずありません。となると、高値で売れるチャンスがあるのは、フリマアプリということに。

フリマアプリにしろ、リサイクルショップにしろ、高く売れるのは季節を先取りしたもの。洋服なら冬の終わり前に春物を、クリスマスグッズは遅くとも12月初旬までに売りに出しましょう。また、どこに売りに出すかによって、売りやすいものに違いがあるので、前ページの表を参考にしてください。

（監修／松崎のり子さん）

WHICH IS BETTER?

相場より高く売れるチャンスがあるのはフリマアプリ

Winner

BETTER？

買い物でおトクなのは
10％割引き VS ポイント10％つき

商品の価格から現金で10％割引きしてくれるのと、価格はそのままで10％分のポイントがつくのとでは、どっちがおトクになる？

どっちがおトクか？ 答えはズバリ！現金での10％割引き。割引率を計算すれば、すぐにわかります。左ページの例で示したとおり、ポイント10％付与の場合、1000円分トクするために、結局、1万1000円分の買い物をすることになり、実質的な割引率は約9・1％。同じ10％でも、現金での割引きとポイント付与では割引率が違うということです。

また、現金で割引きの場合は1回の買い物で完結しますが、ポイント

WHICH IS

「10%割引き」と「ポイント10%つき」の
割引率の比較 ※1万円の商品を買った場合

現金で10%割引きされる場合
➡ 割引率10%

商品代1万円から10%分（1000円）引かれて、
9000円を支払うことになる。1000円÷1万円=10%

10%分のポイントがつく場合
➡ 割引率約9.1%

商品代1万円を支払い、10%（1000円分）のポイントをゲット。
ただし、その1000円も買い物に使うことになるので
使う額は合計1万1000円に。1000円÷1万1000円=約9.1%

付与だとポイントを使うために再度買い物をすることになります。ポイントより少額の買い物をしてもおつりは出ないので、使いきるために余計なものを買ったり、ポイント分をオーバーしたり。ポイントを消費するための買い物をして、またポイントがつく…という〝ポイント無限サイクル〟にもハマりかねません。

ポイントは、お店側にとっては次回の来店動機に結びつけるためのサービスでもあります。そのお店でしか使えないポイントなら、また自店で買い物してくれるので、ポイント付与はお店にとっておトクということかも。

（監修／松崎のり子さん）

WHICH IS BETTER?

実質的な割引率を
考えるとポイントより
現金で10%割引きが
おトク!

Winner

BETTER?

利用するなら 楽天経済圏 VS PayPay経済圏

ここ数年でにわかにサービスを拡大しているＰａｙＰａｙ経済圏。楽天経済圏をずっと利用してきたけど、乗り換えた方がいい？　実際のところ、どっちが使いやすい？

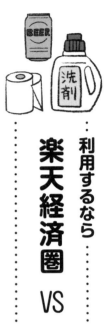

「〇〇経済圏」を利用するとは、買い物などの支払いを通じてポイ活をすること。ポイント還元率は、楽天経済圏とＰａｙＰａｙ経済圏で甲乙つけがたいので、ポイントの貯めやすさと使いやすさでおトク度を判定します。

楽天経済圏のサービスにはすべて「楽天」の名称が入っており（左表）、楽天ポイントが貯まるサービスが一目瞭然。ネット通販は楽天市場、携帯電話は楽天モバイルなど迷わず選ぶことができます。またポイ

WHICH IS

＼ 楽天経済圏とPayPay経済圏が
提供するおもなサービス名 ／

	楽天経済圏	PayPay経済圏
ポイント名	楽天ポイント	PayPayポイント
クレジットカード	楽天カード	PayPayカード
ポイントカード	楽天ポイントカード	ポイントカードなし
コード決済	楽天ペイ	PayPay
携帯電話	楽天モバイル	SoftBank※
お買い物	楽天市場	PayPayモール、Yahoo! ショッピング
ふるさと納税	楽天ふるさと納税	さとふる

※ SoftBank ポイントが PayPay ポイントに交換できる

ントカードを提示すれば、支払い方法に関係なくポイントが付与され、ポイントが貯まるポイ活アプリも充実。貯めたポイントは、楽天カード以外のクレジットカードや現金で支払った場合でも1ポイント＝1円相当で利用できます。

一方、ＰａｙＰａｙ経済圏のサービスには「ＰａｙＰａｙ」が入っていないものもあり、わかりにくいのが難点。またＰａｙＰａｙポイントはＰａｙＰａｙで支払った場合（クレジットカード払いやコード決済）のみ付与され、ポイントはＰａｙＰａｙでの支払いでしか使用できません。ということで、貯まりやすさと使いやすさの点では楽天経済圏がおトク。ただし、3月から「ＬＩＮＥ・Ｙａｈｏｏ！ＪＡＰＡＮ・ＰａｙＰａｙマイレージ」のサービスが開始予定と、経済圏にも変化が起こるかもしれません。

（監修／丸山晴美さん）

WHICH IS BETTER?

ポイントが貯めやすく、使いやすい

楽天経済圏がおトク

Winner

BETTER?

クルマを買うなら
新車 VS 中古車

そろそろクルマを買い替えたいけど、新車は高いから割安な中古車の方がいい？ 値引き幅が大きい方は？ 結局、どっちがおトクなの？

新車と中古車のどちらがおトクかは、価格、選択できるクルマの豊富さ、同じクルマを長く乗ること、気に入ったクルマに頻繁に乗り換えること…など、なにを優先するかで異なるので、「正解」というものはありません。

たとえば購入後の故障に備えて、修理代負担を最小にすることを優先して考えるなら、「保証」がしっかりしている新車がおすすめです。左ページのように、新車の場合、３年間は無料で故障の修理ができ、購入

WHICH IS

新車と中古車の保証の比較

新車		中古車（5年型落ちの場合）
自動車メーカー	保証するのは	中古車店
3年間の故障の修理代はほぼ無料。走行距離10万㎞まで、または購入後5年までの場合、エンジンなど基幹部分の故障は無料	保証内容	半年〜1年間の故障の修理代は無料。それ以降は有料。保証期間や内容は店により異なる

※自動車メーカーや中古車店によって若干の相違あり

後も5年間は基幹部分の故障には保証がついています。

一方、中古車の場合、保証期間は半年から1年が一般的。保証がないとエンジンなどの基幹部分が故障した場合は、修理代に数十万円はかかるので家計には痛い出費に。新車は初期費用はかかっても、故障の修理で急な出費が発生するのを防ぐことができます。

新車をおトクに購入するコツは、本命のクルマのライバルメーカーで同タイプの車種の見積もりを取ること。新車は中古車に比べて値引き幅が大きい傾向があるので、メーカー同士を競わせることで値引き額がアップすることも。２０２２年は世界情勢の影響で新車の生産に遅れが出る場面もあったので、購入のタイミングも大切です。

（監修／大岡智彦さん）

WHICH IS BETTER?

突発的な出費を防ぐなら
保証が手堅い
新車がおトク

Winner

BETTER?

クルマを購入するなら
現金一括VSローンVSカーリース

クルマを買うならやっぱり現金一括払いがおトク？　今どきは金利が低いからローンでもOK？　最近、テレビCMでよく見るカーリースはどうなの？

クルマは現金一括払いでの購入がいちばんシンプルですが、その場合、まとまったお金を用意しなくてはなりません。さらに購入後は自動車税、自動車保険、車検代、修理代などの維持費が必要に。

ローンなら一括払いする現金を用意する必要はありませんが、金利を払う分、総支払額が一括払いよりも多くなります。低金利時代とはいえ、自動車ローンの金利は高めです。もちろん、一括払いと同様に、購入後は税金や保険などの維持費がかかります。

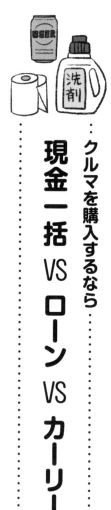

W H I C H　I S

マイカーを所有した場合の1か月当たりの維持費*1

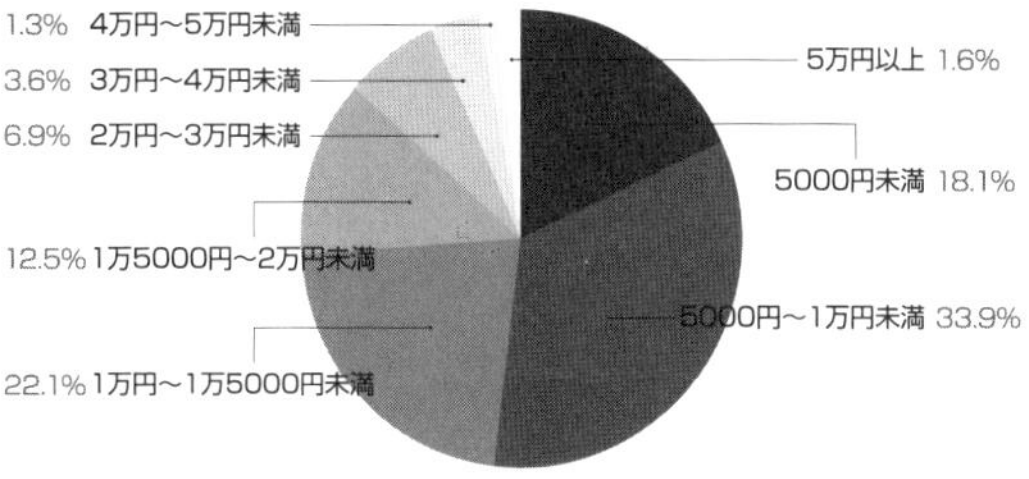

平均額 ➡ 1万2400円*2

出典：ソニー損害保険株式会社「2019年 全国カーライフ実態調査」より
*1 本調査の維持費とは保険料、ガソリン代、駐車場代、修理代等のことで、税金、ローン返済、有料道路通行料は除く
*2 100円未満は四捨五入

そこでおすすめなのがカーリース。ひと言でいうならクルマのサブスク。月額料金には税金、保険代などの維持費がすべて含まれてることが多いです。事故を起こしたり、クルマが故障したときの急な出費の心配が少なく、毎月定額でクルマを利用できます。さらにライフスタイルに合わせて車種変更が可能なので、買い替えの手間も省けます。今のところ、月額料金が若干高めですが、利用者が増えることで値下がりの期待も。ということで、これからはクルマを「所有」することなく、「利用」するカーリースがおトクかもしれません。

（監修／大岡智彦さん）

WHICH IS BETTER?

維持費がコミコミの定額で、
車検費用などの高額出資がない
カーリースがおトクー！

Winner

BETTER?

液体洗濯用洗剤を使うなら

濃縮タイプ VS 通常タイプ

液体洗濯用洗剤って、一般に、濃縮タイプの方が通常タイプよりも、容器が小さめなのに値段が高めで割高な気がするけど、実際はどっちがおトクなの？

濃縮タイプと通常タイプの違いは、簡単にいえば水分の差にあります。液体洗剤の水分をカットしたものが濃縮タイプ。その名のとおり「濃い」洗剤ということです。ですから同じ水量に対する使用量が、濃縮タイプの方が通常タイプよりも少なくなります。

今回比較した洗剤では、水30ℓに対しての使用量の目安が、濃縮タイプは10ｇですが、通常タイプは25ｇ。つまり2・5倍の量を使うことに。容器が大きくて内容量が多くても、使う量が多ければ洗剤の減りも早く

WHICH IS

おもな洗剤の濃縮タイプと通常タイプの比較

メーカー	花王	花王
ブランド	アタック	アタック
濃縮／通常	**濃縮タイプ**	**通常タイプ**
内容量	**380g**	**880g**
水30ℓ当たりの使用量の目安	**10g**	**25g**
水30ℓで洗濯した場合の洗える回数	**38回**	**35.2回**
価格（税込み）	**382円**	**360円**
水30ℓで洗濯した場合のコスト	**10円**	**10.2円**

※価格は編集部調べで、ネットショップ価格

なります。比較すると、通常タイプの内容量は濃縮タイプの約2・3倍もありますが、洗える回数は濃縮タイプの方が多くなります。

となると、濃縮タイプの方が1回の洗濯にかかるコストが安くなります。水30ℓで比較した場合はわずかな差ですが、家庭での実際の洗濯物の量を考えると水量はもっと多くなり、洗濯は毎日のことなので、コスト差も大きくなることに。さらに1本で洗える回数が多いので、買い替えの手間が減り、容器の小ささから収納スペースもコンパクトで済みます。濃縮タイプは容器が小さかったり、値段が高めで割高に感じますが、1回の使用量が少ないのでコスパがよくておトクというわけです。

（監修／松崎のり子さん）

WHICH IS BETTER?

濃縮タイプの方が使用量が少なくてすみコスパ◎&チリツモでおトク

Winner

BETTER?

トイレットペーパーを買うなら

通常巻き VS 倍巻き

近頃、店頭でよく目にする倍巻きのトイレットペーパー。1個の長さが通常よりも長いようだけど、いつも使っているトイレットペーパーよりもおトクなの？

トイレットペーパーの「倍巻き」とは、1ロール分のペーパーが通常巻きより長いこと。ただしぴっちり巻いてあり、ロールの厚みは通常巻きとほぼ同程度。トイレットペーパーは1個ずつではなくパックで売られているので、左表のように1・5倍巻き8ロール入りと通常巻き12ロール入りは、1パック合計の長さが同じで、価格も基本的に同じです。

価格的なおトク度には差はありませんが、使い勝手という点では倍巻きの方にメリットが。まず1ロールが長もちするので交換する手間が減

WHICH IS

＼通常巻きと1.5倍巻きで1パックの全長を比較／

メーカー	通常巻き（1パック12個入り）	1.5倍巻き（1パック8個入り）	全長
A社	60m／個	90m／個	720m
B社	55m／個	82.5m／個	660m
C社	60m／個	90m／個	720m

※1.5倍巻きのほかにもブランドによって2倍、3倍、5倍などがある

ります。また12ロールより8ロールの方が置き場所を取らないので、同じ長さ分を省スペースで収納でき、災害時の備蓄用としても便利です。
じつは、倍巻きは以前から販売されていましたが、コロナの影響で家族の在宅時間が長くなり、トイレの利用回数が増えたことで注目されるようになりました。実際、売り上げも伸びています。価格は同じでも、トイレットペーパーの交換やストック管理という〝名もなき家事〟が軽減されるメリットは、十分おトクといえるでしょう。

（監修／松崎のり子さん）

WHICH IS BETTER?

価格の差はないけど
交換や購入の手間が減る分
倍巻きの方がおトク!

Winner

BETTER?

缶ビールを買うなら
３５０㎖缶 VS ５００㎖缶

缶ビールのサイズで一般的なのは３５０㎖缶と５００㎖缶ですが、容量当たりの価格を比べておトクなのはどっち？

３５０㎖缶と５００㎖缶のどちらがおトクか？ 容量当たりの価格で比較すると、答えはズバリ！ ５００㎖缶がおトクです。

理由は計算するとわかります。３５０㎖缶は５００㎖缶の70％の容量です。たとえばＡスーパーの場合、５００㎖缶は２４３円なので、その70％、つまり３５０㎖に相当する価格は１７０円になります。しかし、Ａスーパーでは、３５０㎖缶は実際には１７４円で売られています。つまり４円割高ということ。言い換えれば５００㎖缶の方が４

WHICH IS

同じブランドの缶ビール、500㎖缶と
350㎖缶の価格の比較

ブランド名	500㎖の価格	500㎖から計算した350㎖の価格	実際の350㎖の価格
Aスーパー	243円	243×70%=170.1円	174円
Bスーパー	254.6円	254.6×70%=178.2円	180円
Cスーパー	236.5円	236.5×70%=165.5円	178円

※6缶パックの価格を1缶当たりに割り戻した金額。価格は編集部調べ

円割安ということです。

Ｂスーパー、Ｃスーパーでも同様に、５００㎖缶から割り出した３５０㎖缶の価格よりも、実際に売られている価格の方が高くなっています。

また、前ページの表のように、同じブランドの同じ容量のものでも、スーパーによって価格が違うので、安い店を見つけるのがおトクのポイント。さらに同じ店でも、連休前などビールの購入ニーズが高まる時期は価格が上がることも。そのパターンを見つけられれば、よりおトクに買えるかもしれません。

（監修／松崎のり子さん）

WHICH IS BETTER?

容量当たりの価格は500㎖缶の方が割安でおトク

Winner

Column 1

円安と円高はどっちがおトク?

最近よく耳にする「円安」「円高」というワード。
円が安くなったり、高くなるって、どういうこと?
私たちの暮らしにどんな影響があるの?

円安·円高とは、他の通貨と比べて円の価値が下がっているか、上がっているかを表すもの。たとえば1ドル=100円が1ドル=110円になると、ドルの価値が上がり、円の価値が下がるのでドル高·円安。一方、1ドル=100円が1ドル=90円になるとドル安·円高ということになります。

円安になると、輸入品の値段が上がります。日本は原油をはじめ多くの生活必需品を輸入品に頼っているので、円安になると生活コストがアップすることに。反対に、円高になると、輸入品の値段が下がって生活コストがダウン。家計にとっては円高の方がおトクかもしれません。

(監修/塚越菜々子さん)

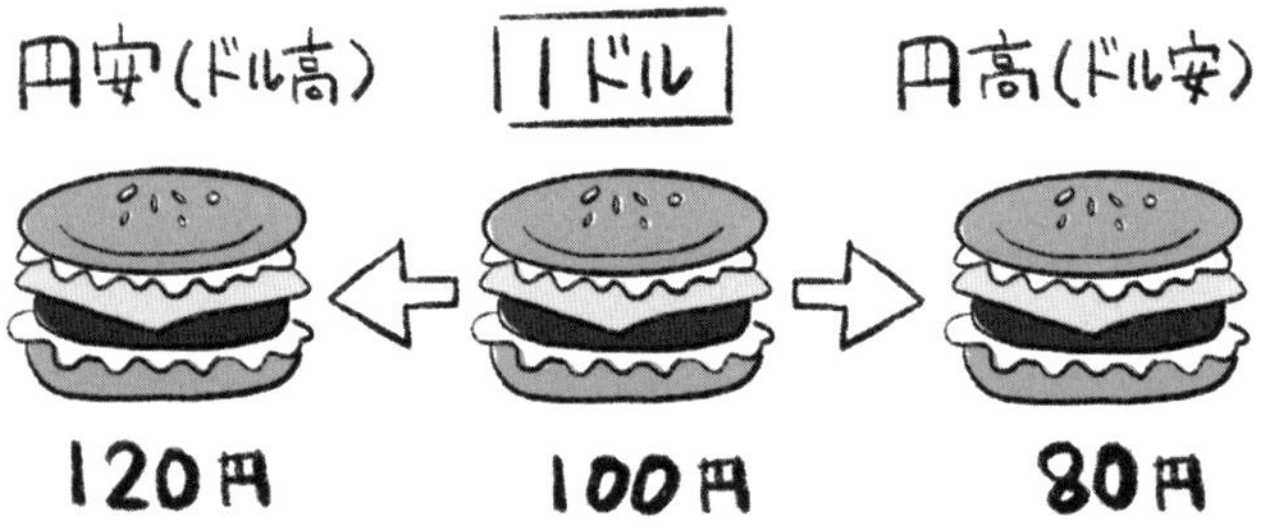

Part 2

水道光熱費にまつわるどっちがおトク?

WHICH IS BETTER?

水道光熱費は生活のインフラ。毎日、必ず使うものだからこそ、少しでもおトクに使いたい！ 冷暖房、調理用コンロ、お風呂などにまつわる「どっちがおトク?」を解説します。

BETTER?

エアコンは
つけっぱなし VS こまめにオンとオフ

地球温暖化の影響なのか、毎夏、猛暑が続いています。となると、気になるのがエアコンの電気代。つけっぱなしにするのと、こまめにオンとオフするのと、どっちがおトク？

エアコンは、こまめにオンとオフをした方が、つけている時間が短くなり、節電になる気がしますが、実際はそうともいえません。

その理由は、エアコンは外気温と設定温度の差が大きい運転開始直後に電力を多く消費するからです。こまめにオンとオフすると、オンにするたびにエアコンがフル稼働して消費電力量が大きくなります（左のグラフ参照）。一方、つけっぱなしなら起動時の電力消費が1回ですむので節電に。30分程度の外出なら、エアコンをきらずに、つけっぱなしで

WHICH IS

\ 消費電力量の比較 /

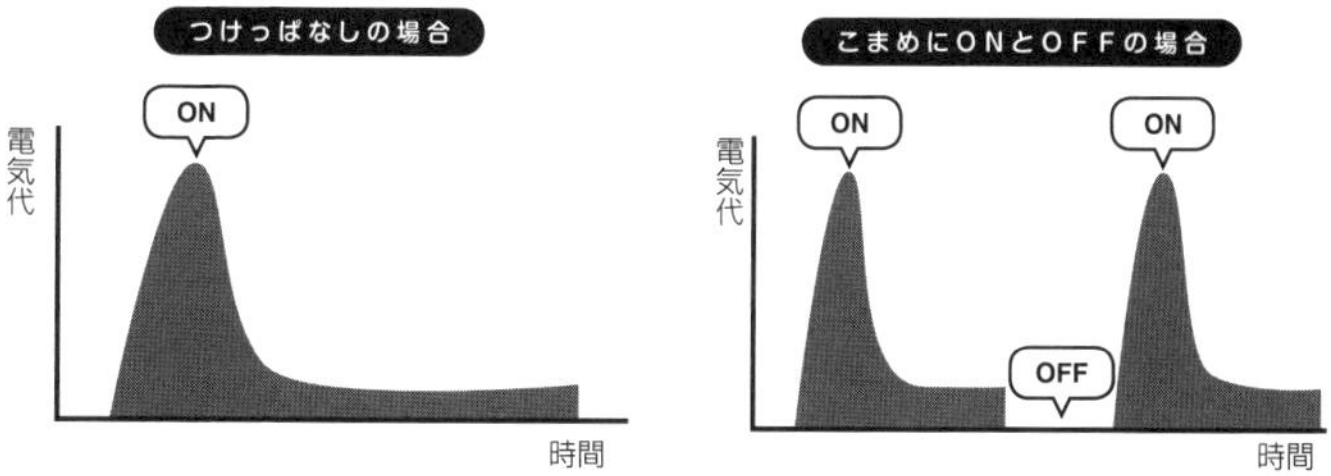

※資料提供：ダイキン工業
※上のグラフのグレーの面積が消費電力量を表している。
外気温、設定温度と室温との温度差、運転時間により変化する

出かけた方がおトクです。

ただし、外気温と設定温度の差が小さくなる夕方以降は、起動時の消費電力量が小さくなるので、こまめにオンとオフをして、運転時間を短くした方が節電になることも。

このほかエアコンを節電するなら、「弱」より「自動運転」がおすすめ。「弱」の方が節電になりそうですが、「弱」で始動すると設定温度に達するまでに時間がかかり、効率が悪くなります。また冷たい空気は下にたまるので、室内を均一に冷やすために、扇風機を併用して空気を循環させると、効率よく室温が下がっておトクです。

（監修／エネチェンジ）

WHICH IS BETTER?

つけっぱなしの方が
消費電力量が少なく
結果的におトク

Winner

エアコンを使用するときは

エアコン単体VS扇風機やサーキュレーターを併用

エアコンだけで冷暖房するのと、扇風機やサーキュレーターを併用して部屋の空気を循環させながら、室内を涼しくしたり暖めたりするのとでは、どっちが電気代を節約できるのでしょうか?

BETTER?

●冷房の場合は　エアコンと扇風機の併用

エアコンの運転中に扇風機を上側に向けて回すと、空気が攪拌されて冷気が部屋に行き渡り、設定温度を上げても快適になります。エアコンの温度を1℃上げると電気代が約10%カットでき、月約388・8円の節約に。扇風機の電気代は月約259・2円なので、エアコンの温度を

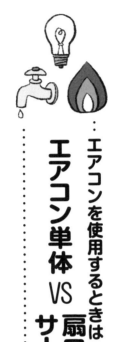

WHICH IS

1℃上げて扇風機をつければ部屋も涼しく、約130円おトクです。

※消費電力600Wのエアコン、40Wの扇風機を1日8時間使用した場合

●暖房の場合は　エアコンとサーキュレーターの併用

暖かい空気は部屋の上部にたまるので、サーキュレーターを併用して空気をかき回せば室内を効率よく暖められます。1か月の電気代はエアコン約3888円、サーキュレーター約259・2円。エアコンの温度設定を1℃下げると約10%節電でき、1か月で約388・8円の節約になります。サーキュレーターの電気代と比べて約129・6円の節約になるので、設定温度を1℃下げてサーキュレーターを併用した方がおトクなことに。

※消費電力600Wのエアコン、40Wのサーキュレーターを1日8時間使用した場合

（監修／エネチェンジ）

WHICH IS BETTER?

冷房でも暖房でも、エアコン単体よりも

扇風機やサーキュレーターを併用した方がおトク！

Winner

BETTER?

冬の暖房は エアコン VS 石油ファンヒーター

冬場の暖房費は少しでも節約したいもの。エアコンを「暖房」にしたときの電気代と石油ファンヒーターを使用した場合の電気代＋灯油代では、どっちが暖房コストが安くなるの？

エアコンと石油ファンヒーターのそれぞれで暖房した場合にかかるコストを計算したのが左の金額。使用する製品の消費電力や部屋の広さなど、条件によって金額は変わりますが、この例では約２７８９円（月当たり）も、エアコンで暖房した方がおトクに。

この金額差は灯油価格の値動きによって変動します。今回の例では、灯油価格を２０２２年10月時点での平均価格で計算していますが（※）、今後、原油が値上がりすれば、灯油も値上がりして、エアコンと石油

WHICH IS

エアコンと石油ファンヒーターで かかる暖房費の比較

＼約2789円もおトク／
エアコンの電気代／月 ➡ 約4194円

石油ファンヒーターの電気代＋灯油代／月 ➡ 約6983円

電気代：約607円
灯油代：123円／ℓ × 1.728 ℓ（1日の平均灯油消費量）× 30日＝6376.3円

灯油代が上がると暖房費も上がる。たとえば灯油代が1ℓ当たり10円値上がりすると、約500円以上アップする

※どちらも1日8時間使用した場合で、部屋の広さは10畳程度。電気料金単価は26.48円／kWhで計算。エアコンの消費電力は平均660Wで算出。石油ファンヒーターの消費電力は平均95.5W、燃料消費量は平均0.216ℓ／h、灯油代は2022年10月時点での平均価格で算出

ファンヒーターのコスト差は広がることに。

おトク感はコストだけではなく手間も関係します。石油ファンヒーターの場合、灯油を購入する、灯油をヒーターに入れる、シーズン終わりに灯油を抜いて収納するなどの手間がかかります。エアコンにはこれらの手間がない分、おトク感もアップ。

ただし、エアコンは外気温と設定温度の差が大きいと消費電力が大きくなるので、外気温が零度以下になる寒冷地では暖房費が割高になることもあります。


（監修／エネチェンジ）

※全国平均の価格。経済産業省 資源エネルギー庁「石油製品価格調査」より

WHICH IS BETTER?

灯油を買う手間がなく
電気代だけですむ
エアコン暖房がおトク

Winner

BETTER?

調理で光熱費を節約できるのは

ＩＨコンロ VS ガスコンロ

オール電化住宅をはじめ、ＩＨコンロを装備しているキッチンが増えています。電気を使うＩＨコンロとガスを使うガスコンロでは、どっちが光熱費が安い？

左の図で示したとおり、単純に１ｋＷｈ当たりのエネルギーコストを比較すると電気が26・４８円、都市ガスが13・０７円と電気が都市ガスの倍以上に。電気の方がエネルギーコストがかかる分、ＩＨコンロの方が光熱費は高くなります。

コスト的にはガスコンロの方がおトクですが、ＩＨコンロにはガスコンロにはない使い勝手のよさがあります。いちばんは安全性。炎が出ないので、調理中に衣服やふきんなどに炎が燃え移る心配はなし。また

WHICH IS

**電気代とガス代の
エネルギーコストの比較**

1kWh当たりのエネルギーコスト

電気	都市ガス
26.48円	13.07円

※電気代は東京電力の従量電灯Bで試算。都市ガス代は全国平均
※都市ガスの発熱量を11,000kcal／㎥、また1kWh=860kcalとして計算

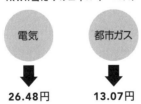

ます。

天板がフラットなので掃除も簡単。鍋のふきこぼれも調理中にふき取れます。

なにかと便利なＩＨコンロは、電気料金プランを見直すことでおトクに使うことができます。ポイントは、よく使用する時間帯の電気代が安くなるプランを選択すること。料理をつくる時間帯は家族が在宅していて電気を使う時間帯でもあるので、この時間帯が割安なプランがおトク。エネルギーの自由化以降、新電力会社が多く登場しています。電気とガスをセット契約にするとおトクになる場合もあるので、見直すことで光熱費が安くなる可能性大です。

（監修／エネチェンジ）

WHICH IS BETTER?

同じ熱量を発熱するのにかかるコストを比較すると
ガスコンロがおトク

Winner

BETTER?

お風呂のお湯は 入れ替え VS 追い焚き

ガス代を節約するために、お風呂の残り湯を「追い焚き」している人は多いはず。でも、それって本当に節約になっている？ 残り湯を使わずに給湯でお湯を入れるのと、どっちがおトク？

一般的なガス給湯式のお風呂で、毎日お湯を「入れ替え」るのと、入れ替えは2日に1回で、2日目は「追い焚き」で温め直すのとでは、どちらが光熱費の節約になるか？ 答えはズバリ！ 追い焚きで温め直す、です。

理由は、左の式で示すように、お風呂の設定温度と水道水（入れ替えの場合）、または残り湯（追い焚きの場合）との温度差が、給湯器の消費熱量を左右するから。温度差が大きいほど、熱量を多く消費してガス

WHICH IS

ガス代の算出式

お風呂にためるお湯の量

×

（お風呂のお湯の設定温度ー水道水または残り湯の温度）

÷

ガスの消費熱量

×

ガスの単位料金

代がかかります。通常、残り湯の方が水道水よりも水温が高いので、残り湯を追い焚きした方が、消費熱量が少なくてすみ、ガス代の節約になるというわけです。また入れ替えの場合には、水道代もかかり、さらに割高に。

たとえば水道水と残り湯の水温差が5℃の場合、残り湯を追い焚きした方が、水道代も含めて1か月で約964円（※）安くなります。この差は水道水と残り湯の水温差に比例するので、残り湯の温度を下げないことがポイント。お湯に保温アルミシートをかけてから、浴槽にフタをするなどの工夫でさらにおトクになります。

（監修／エネチェンジ）

※浴槽にためる湯量200ℓ、ガスの消費熱量8000kcal／㎥（都市ガスの燃焼量10000kcal／㎥に給湯器の熱効率を鑑みた場合）、ガスの単位料金130円、上下水道代1ℓ当たり0・24円、1か月（30日間）、毎日入れ替えした場合と、入れ替えは1日おきで2日目は追い焚きした場合の比較

WHICH IS BETTER?

残り湯の温め直しの方が
ガスの消費量が少ないので
追い焚きがおトク！

Winner

Column
2

洗濯機にまつわる どっちがおトク?

ほぼ毎日回す洗濯機。頻繁に使用する家電だからこそ、コストが気になります。洗う、すすぐ、乾燥、洗濯コースなど、どっちを選ぶのがおトクか比べてみました（監修／エネチェンジ）

▶Fight 1

判定

ドラム式が1回約5円おトク!

たて型洗濯機 VS ドラム式洗濯機

11kg タイプの洗濯機で 1 回の洗濯にかかる費用は、ドラム式の場合、消費電力が 69Wh で電気代約 1.86 円、水量は 78 ℓで水道代約 17.78 円と合計で約 19.64 円。一方、たて型は消費電力 120Wh で電気代約 3.24 円、水量は 93 ℓで水道代約 21.2 円と合計で約 24.44 円。ドラム式が 1 回約 5 円おトクです！

▶Fight 2

浴室乾燥機 VS ドラム式の乾燥機能 VS ガス式乾燥機

浴室乾燥機は消費電力が約 1250W と高く、3 時間の使用で電気代は 101.25 円にも。一方、ドラム式洗濯機の乾燥機能（ヒートポンプ式、乾燥容量 6kg）の電気代は約 22.41 円。ガス式乾燥機（5kg タイプ）は乾燥時間は約 52 分と最短ですが、ガス代は約 46.67 円。ドラム式の乾燥機能がおトク！

判定

ドラム式の乾燥機能がいちばんおトク!

▶Fight 3

ふつう洗い VS スピード洗い

あまり汚れていない衣類の場合、スピード洗いがおすすめ。すすぎの回数や脱水時間が減るため、電気代で約 20 ～ 50%、水道代で最大約 30% も節約になり、時間も 10 ～ 30 分短縮に。洗濯物を入れるときは重いものを下、軽いものを上にすると、回転時の負荷が軽減されてよく回り、効率よく洗えます。

判定

スピード洗いがおトク!

電気代が約20～50%
水道代が最大約30%減に

▶Fight 4

ためすすぎ VS 注水すすぎ

すすぎ方式には、設定水位まで水をためてすすぐ「ためすすぎ」と、設定水位に達したあとも給水しながらすすぐ「注水すすぎ」があります。注水すすぎは汚れがよく落ちる一方、水道代がアップ。注水すすぎ 1 回とためすすぎ 2 回で比較しても、ためすすぎ 2 回の方が水量が少なく最大 50% の節水に。家庭に合ったモードを洗濯機で選んで。

判定

ためすすぎがおトク!
最大50%節水に

プチ
おトク

残り湯の活用法

洗濯の「洗い」だけ
残り湯にすれば節約に。
入浴剤入りでも基本OK

残り湯で洗濯すると汚れが落ちやすく、節水にもなるのでおトク。入浴剤入りでも基本的に使用 OK。入浴剤の色が洗濯物に移らないように、使うのは「洗い」だけで、「すすぎ」は真水にするのがコツ！

Part 3

家計管理にまつわるどっちがおトク?

WHICH IS BETTER?

お金を貯めて増やすには家計管理がマストです。買い物、貯金、費目ごとの節約、共働きの家計管理など、なにをどう管理したらおトクかを判定。知らないと損するかも!?

BETTER?

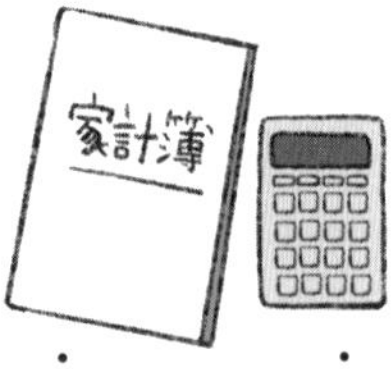

食費節約に効果があるのは

まとめ買い VS ちょこちょこ買い

1週間分の食料品をまとめて買うのと、食材がなくなったり、必要なものがあるときにちょこちょこ買うのとでは、どっちがおトク？

大量パックの商品をまとめ買いすれば、割安でお買い得。自然とスーパーに行く回数も減って余計なものを買うことも減り…と、いいことずくめと思いがち。ところが、まとめ買いには落とし穴が潜んでいます。まとめ買いで節約効果があるのは、1週間で消費できる〝わが家の適量〟をしっかりと把握できている場合。さらに、買った食材を1週間保存するには、肉や魚に下味をつける、小分け冷凍する、野菜は下ゆでするなど下ごしらえの手間もかかることに。買ってきたものを「そのま

ま冷蔵庫に入れておけば「OK」というわけにはいきません。割安の大量パックを買っても、使いきれずに腐らせてしまったら、おトクどころか、お金のムダになってしまいます。

　つまり、食料品のまとめ買いは、やりくり上級者向きといえます。

　その点、必要なものを消費できる分だけちょこちょこ買う方が、やりくり初心者でも結果が出やすい堅実な方法です。

買い方で節約効果を出すなら、買い物の回数よりも、じつは、予算を決めることの方が大事。たとえば1日分の予算を決めて、1回の買い物を「1日分の予算×日数分」の金額内に収めるという方法もあります。その日数分、買った食材で献立をやりくりするのがルール。2～3日分なら献立も考えやすいし、手間のかかる食材の下処理も必要ありません。ということで、まとめ買いよりも、2～3日で食べきれる分をちょこちょこ買う方がムダが出ず、結局、おトクといえるでしょう。

（監修／松崎のり子さん）

WHICH IS BETTER?

ちょこちょこ買いで使いきった方が断然おトクー！

Winner

BETTER?

買い物の支払いは
現金払い VS キャッシュレス払い

クレジットカード、ＱＲコード決済、電子マネーなど、キャッシュレス払いが普及しています。確かに便利ですが、消費者にとっておトクなのはキャッシュレス払い？　それとも現金払い？

キャッシュレス払いにはクレジットカード、デビットカード、電子マネー、プリペイドカードなどがありますが、最近では、スマホを使ったＱＲコード決済の普及が加速しています。

手持ちの現金がなくても、買い物チャンスを逃さないことが、キャッシュレス払いの最大の利点。でも、じつはこの利点こそがデメリットにもなる〝諸刃の剣〟なのです。その理由は、手持ち以上のお金が使えるので、つい余計なものまで買ってしまいがちだから。

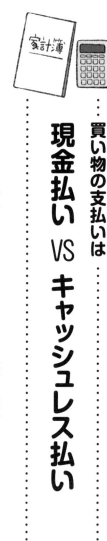

WHICH IS

またキャッシュレス払いだと、手持ちの現金が減らないので、使った実感が希薄になりやすいことも使いすぎの原因に。とくにクレジットカードの場合、使った金額が預金口座から引き落とされるのが翌月や翌々月になるので、お金の流れが把握しにくく、管理が難しくなります。その点、現金払いは管理しやすいといえるでしょう。

さらに、ネット通販でキャッシュレス払いをしたら、購入した店のセール情報が、頻繁に届くようになったということはありませんか？これはキャッシュレス払いをすると、買い物データが蓄積・分析されるので、利用者の買い物欲求をピンポイントで刺激するような情報提供が可能になるからです。現金払いと違って、ポイントがつく点も、それ自体はおトクですが、ポイント目当てで買い物するようになっては本末転倒のムダづかいです。このように、キャッシュレス払いはムダづかいを誘うトラップが多い分、現金払いの方が安心です。

（監修／松崎のり子さん）

WHICH IS BETTER?

やりくり初心者には
現金払いの方が
ムダづかいが減り
おトク!

Winner

BETTER?

共働き夫婦の家計管理は

夫婦別財布 VS 一括管理

共働きの場合、自分の給料は自分で管理をした方がお金が貯まりやすいの？　それとも、やりくりが得意な方が、２人分の給料をまとめて管理するのがベター？　貯まる家計を目指すならどっち？

「夫婦別財布」でよくあるのが、それぞれの月収に合わせて生活費を案分したり、夫は固定費を、妻は食費や日用品費など日々の支出を分担する方法。どちらも、分担以外の残りのお金は自己管理することになります。夫婦ともに貯蓄習慣があればいいのですが、それがない場合には、自由に使えるこづかいが増えるだけ。これではお金は貯まりにくくなります。

夫婦別財布の場合は、夫婦それぞれが貯蓄目標額を設定して、目標が

WHICH IS

達成できているかを定期的にチェックし合う必要があります。それでも、貯蓄が苦手だと目標額がクリアできないことも。
一方、夫婦のうち家計管理が得意な方が、夫婦の合算月収を一括して管理すれば、貯蓄計画が立てやすくなります。ただし、この場合でも、家計状況は夫婦で共有することがマスト。どちらか一方におまかせでは、まかせられた方は負担が大きくなり、まかせた方は家計に無関心になりがちです。毎月、給料日に「夫婦マネー会議」を開き、今月の収支と貯蓄額を共有すること。夫婦ともに貯蓄モチベーションが上がるはずです。

（監修／畠中雅子さん）

WHICH IS BETTER?

貯蓄を増やすことを
優先するなら
一括管理がオススメ

Winner

先々のお金は 投資で増やす VS 預貯金で貯める

マイホームの頭金を貯めたいし、教育資金や老後資金のことも気になります。この先、必要になるお金は投資と預貯金のどっちで準備したらいいの？

今のように金利がほぼ０％の状況では、預貯金で増えるのはごくわずか。先々必要になるお金を準備するなら、預貯金よりも投資の方が、効率がいいといえます。

ただし、この場合の「投資」とは、短期ではなく長期運用で利益を出すことを目指す投資のこと。たとえば、金融庁の資料（左のグラフ）によると、運用期間5年だと元本割れが出現しますが、20年だと元本割れがなく、ほぼ半数が年利４～６％の運用成果をあげています。

WHICH IS

資産・地域を分散して積立投資を行った場合の運用成果の実績

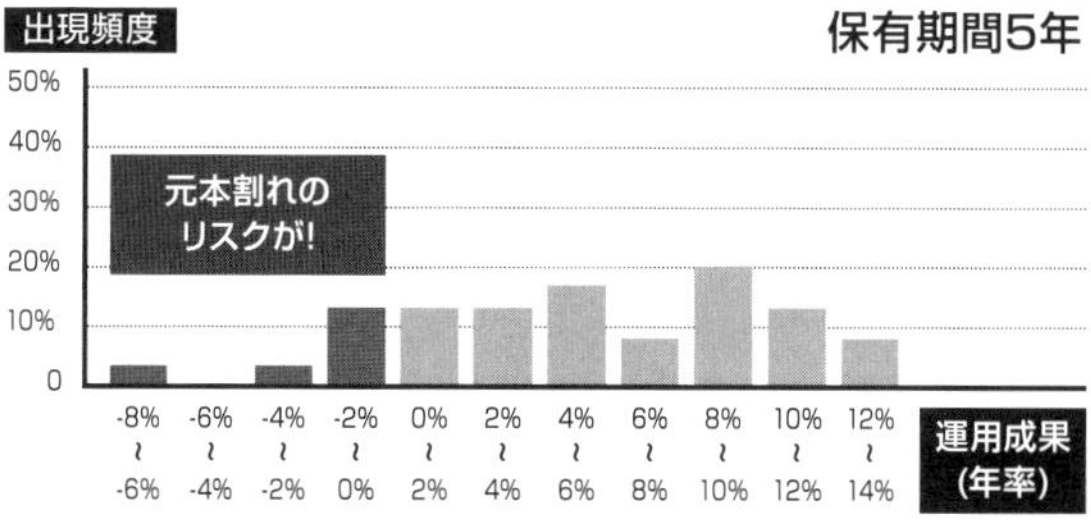

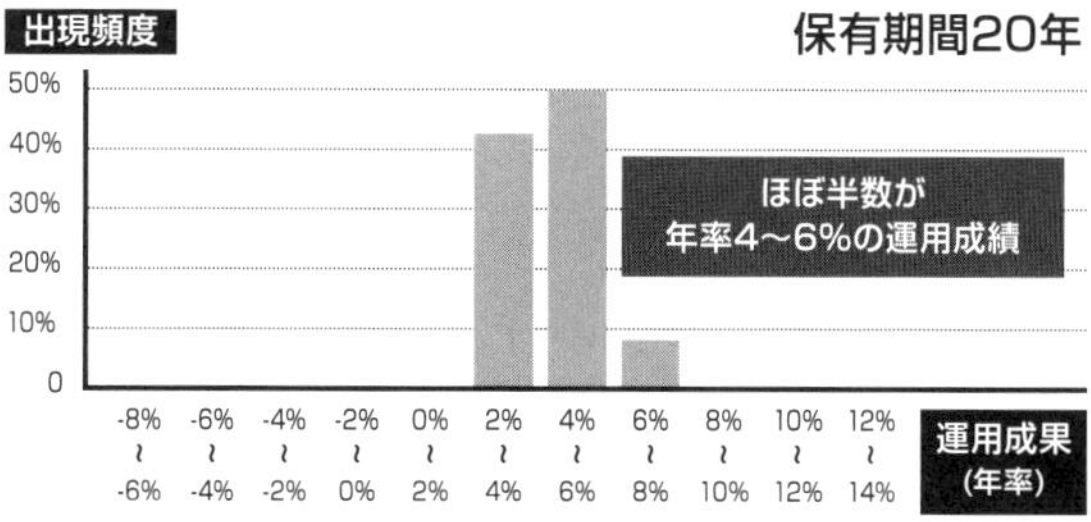

理由は長期運用することで一時的に上がったり、下がったりする値動きがならされるから。そのため、投資でお金を準備するのであれば、必要になる時期を最短でも10年先にすることが賢明です。10年以内に必要になるお金を投資で準備しようとすると、元本割れのリスクが生じることに。

また、株価が暴落するなどして、投資に運用したお金が減ってしまうこともあるので、大学資金など必要になる時期が決まっているものは全額を投資で準備するのではなく、預貯金との組み合わせを考えるべきでしょう。

（監修／塚越菜々子さん）

WHICH IS BETTER?

10年以上先に使うお金なら
長期運用の投資で
増やした方が
効率的でおトク

Winner

BETTER?

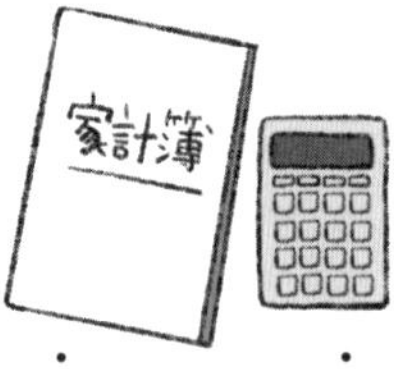

節約で大きな効果が出るのは
食費 VS 固定費

毎日のように使う食費と、月1回決まった金額が出ていく住居費や保険料などの固定費。出費を見直すとしたら節約効果が大きいのは？ はたまた、手間をかけずに節約するならどっち？

普段の生活で節約するなら、食費を削るのが手っ取り早く効果が出やすいように思いがちです。ところが、いざ実践すると特売品を使い回して献立を考えたり、小分け冷凍したりと、なにかと手間がかかります。食事づくりは毎日なので、節約ストレスがたまることに。その割に、節約できる金額が小さいのが食費節約です。

それに対して固定費は1回見直すだけで、そのあとは手間なしで効果が持続します。固定費のなかでも、見直し効果が大きいのが住居費や保

WHICH IS

険ですが、引っ越しや住宅ローンの借り換えには費用がかかりますし、保険の見直しは自分だけでは判断できません。

その点、手軽に見直せるのが定額サービス。音楽、動画などの定額配信サービスのなかで使っていないものがないかをチェックして。利用料金がカード払いの場合には、契約していること自体を忘れがちになります。カードの利用明細をネットでチェックして、利用していない定額サービスの料金が引き落とされていないか確認をしてみましょう。

子どもの習い事代も固定費になるので、なんとなく続けているものがあれば、子どもと相談して、いったんやめてみる手もあります。

毎月、定期購入しているサプリメントなども固定費。ストックが残っているようなら使いきるまで購入をストップしたり、続ける必要があるか見直しましょう。

固定費の見直しは面倒なようですが、1回手間をかければ、あとはなにもしなくても節約効果が持続。効率的に節約できるのでおトクといえるでしょう。

（監修／松崎のり子さん）

WHICH IS BETTER?

1回見直すだけでいい固定費を節約する方が効率的でおトク

Winner

BETTER?

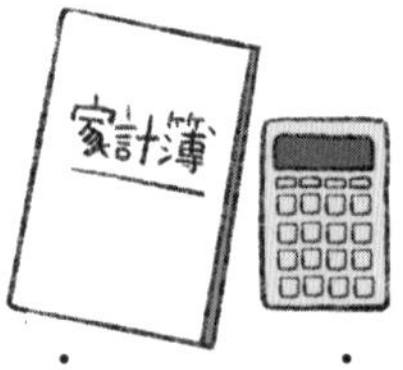

水道・光熱費を払うなら

口座振替 VS クレジットカード払い

毎月必ず払う水道・光熱費は、できることなら少しでもおトクに払いたいものです。口座振替とクレジットカード払いだと、どっちがおトク？

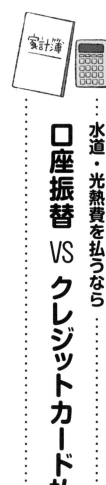

水道・光熱費をクレジットカード払いにすると、カードのポイントがつくので、口座振替よりおトクと考えがちですが、必ずしもそうとは限りません。というのは、口座振替にすると「割引」があるからです。どっちがおトクかは、割引額と還元されるポイントを比較すればわかります（左表）。割引額は支払料金に関係なく一律で、たとえば東京電力エナジーパートナーと東京ガスの場合は55円、東京都水道局は50円（※）。

一方、ポイントは支払う水道・光熱費とカードのポイント還元率に

W H I C H   I S

水道・光熱費の金額別口座振替割引とポイント還元相当額の比較

水道・光熱費	口座振替割引（55円の場合）	ポイント還元相当額（還元率0.5%の場合）	ポイント還元相当額（還元率1%の場合）
5000円	55円	25円	50円
5500円	55円	27.5円	55円
6000円	55円	30円	60円
1万1000円	55円	55円	110円
1万2000円	55円	60円	120円

よっておトクになる金額が違ってきます。口座振替割引額が55円の場合と比較すると、還元率1％のカードなら水道・光熱費5500円超でおトクになりますが、一般的な還元率0・5％のカードだと1万1000円でやっと割引額の55円に届きます。ほぼ毎月のように電気代やガス代を1万1000円超払っている場合はカード払いがおトクになりますが、そうでない場合は口座振替の方がおトクに。また水道・光熱費などの公共料金の支払いが、ポイント還元の対象外のカードもあるのでまずは確認を。

（監修／松崎のり子さん）

※「口座振替割引」がない事業者や自治体もあります。また割引される金額は各事業者や自治体で要確認

WHICH IS BETTER?

水道・光熱費が
比較的、少ない場合は
口座振替の方がおトク

Winner

BETTER?

貯金するなら メガバンク VS ネット銀行

全国に店舗があるメガバンクと店舗をもたないネット銀行。超低金利時代ですが、貯金して少しでもお金が増えるのはどっち？ 店舗がないと不便なのはどんなこと？

貯金を増やすなら、ズバリ！ ネット銀行。理由は金利差にあります。１年ものの定期預金金利を見ると、３大メガバンク（※１）は０・００２％。一方、ネット銀行のなかでも金利が高いあおぞら銀行ＢＡＮＫ支店（※２）は０・２１％でメガバンクの約１００倍。１年ものの定期預金１００万円で比較すると、１年後の利息の差は２０８０円（税引き前）に。

金利だけを見るとネット銀行の方がおトクという結論になりますが、

W H I C H I S

ネット銀行の定期預金金利(1年もの)の一例

ネット銀行名	金利
あおぞら銀行BANK支店	0.21%
auじぶん銀行	0.10%
大和ネクスト銀行	0.05%
しずぎんインターネット支店	0.032%
ローソン銀行	0.03%
ソニー銀行	0.02%
楽天銀行	0.02%
住信SBIネット銀行	0.02%
イオン銀行	0.01%

※金利は2022年10月時点の税引き前の年利

使い勝手はどうでしょう。店舗をもたないネット銀行の入出金は、コンビニやゆうちょ銀行のＡＴＭを利用することになるので、手数料がかからないか確認を。せっかく金利でトクをしても、手数料を引かれては元も子もありません。

またコンビニなどのＡＴＭは硬貨の入出金ができないので、１０００円単位で引き出すことになります。満期になった定期預金を利息を含めて1円単位まで引き出すには、ネット銀行からメガバンクなどの、自行ＡＴＭで硬貨の入出金ができる銀行にいったん振り込んでから引き出すことに。振込手数料が無料になる条件は、ネット銀行ごとに異なるので、トータルで使い勝手のいいところを選ぶようにしましょう。

（監修／松崎のり子さん）

※1　三菱ＵＦＪ銀行、三井住友銀行、みずほ銀行
※2　ネット専業銀行ではなく、既存の銀行が開設しているインターネット支店

WHICH IS BETTER?

お金を増やすなら
金利の高い
ネット銀行がおトク

Winner

Column 3

50歳未満の世帯は貯蓄額より借金の方が多い!?

わが家の貯蓄額が多いのか少ないのか、なかなか周囲には聞けないもの。総務省の資料で世間一般の平均額をチェックすると…

世帯主の年齢階級別貯蓄・負債現在高

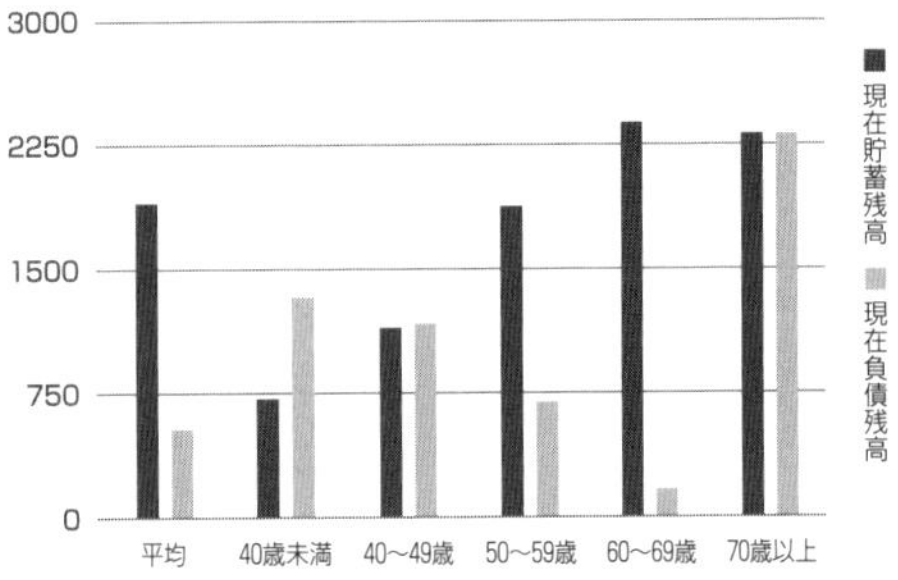

※総務省統計局「家庭調査報告」2021年平均結果

2人以上の世帯における、2021年の世帯当たりの平均貯蓄残高は1880万円。前年に比べ89万円、5.0%の増加で、3年連続の増加になっています。40歳未満の世帯が726万円と、もっとも少なく、60歳以上の各年齢階級では2300万円超に。

また、貯蓄額から負債額を引いた純貯蓄額については、50歳未満の世帯では、負債額が貯蓄額を上回り、負債超過に。現役世代は住宅ローンや教育費などが家計を圧迫しているようです。

Part 4

老後資金にまつわるどっちがおトク?

WHICH IS BETTER?

老後2000万円問題、老後破産、下級老人…など、気持ちが暗〜くなる言葉が目につきます。老後の生活を安心して暮らせるようにするには、お金の備えが大事。老後資金の備え方についてアドバイスします。

BETTER?

老後資金を備えるなら
iDeCo VS つみたてNISA

「iDeCo（イデコ）」や「つみたてNISA」で節税しながら老後資金を貯めている人が増えています。が、この2つの違いがよくわからないという人も。どちらか1つだけをやるとしたら、どっちの方がおトク？

「イデコ」とは、自分で選んだ運用商品（定期預金、保険商品、投資信託）で、かけ金を運用して老後資金を準備するもの。国民年金や厚生年金とは別に、自分で年金を用意することができます。

おもなメリットは、①かけ金が全額、所得控除されて税金が安くなる、②利子や運用益が非課税なので、税金が引かれず再投資される（通常は約20％税金が引かれる）、③貯めたお金を受け取るときも税金が優遇されること。留意点は、①60歳まで引き出せない、②課税所得がない

WHICH IS

場合は所得控除が受けられないこと。専業主婦の人やパートで働いていても課税所得がない人（※1）は、そもそも税金を払っていないので、節税のメリットはありません。

一方、「つみたてNISA」とは、「投資信託」という金融商品を毎月決まった金額分ずつ買って資産形成するもの。メリットは、①年間40万円（※2）までの投資で得た運用益が非課税（最長20年間、800万円までの投資で得た利益が非課税）、②イデコとは違って、いつでも解約できること。また、いったんやめて翌年、新たに始めることもできます。イデコは原則60歳まで解約することができないため、目的が老後資金に限定されますが、つみたてＮＩＳＡは途中解約できるので、教育資金や住宅購入にも使えます。

ということで、使い勝手のよさを考えるとつみたてＮＩＳＡの方が便利といえますが、課税所得がある人はイデコの所得控除の節税効果も見逃せません。余裕がある人は併用してもいいかも。

（監修／畠中雅子さん）

※1　住民税は年収100万円以下、所得税は年収103万円以下
※2　2024年1月からは制度が変わり、年間20万円までになります
（注）「ｉＤｅＣｏ」と「つみたてＮＩＳＡ」はともに投資商品であり、元本および利回りの保証はありません

WHICH IS BETTER?

老後資金以外にも使えて使い勝手がいいつみたてNISAがおトク

Winner

BETTER?

医療保険に入るなら
まだ若いうち VS 病気が心配な年齢になってから

病気やケガのときに医療保険に入っていると、なにかと安心。若いうちから入っておいた方がいい？ それとも生活習慣病などが気になる年齢になってからでOK？

医療保険は保険料が安い若いうちに入った方がおトク？ それとも加齢とともに発症例が増えるがん、心臓疾患、高血圧症などが気になる年齢になってからでいいの？ 答えは、ズバリ！ 若いうちに加入した方がおトクという結果になります。

その理由は、払い込みの保険料総額をシミュレーションすれば一目瞭然（60歳で払い込み終了の場合）。加入年齢が30歳と40歳で比較した場合、30歳加入の保険料総額は71万2800円、一方、40歳加入は

WHICH IS

医療保険に30歳と40歳で加入した場合の保険料の比較

	30歳加入	40歳加入
保険料/月	1980円	3210円
払い込み保険料の総額	71万2800円	77万400円
保険期間	終身	終身

※1 アクサダイレクト生命の「アクサダイレクトの終身医療」で試算
※2 保険料算出条件…女性、保険料払込期間：60歳満了、入院給付金日額：5000円、手術給付金：受け取る（入院なしの場合1回につき2万5000円、入院ありの場合1回につき5万円）

77万４００円。30歳で加入した方が月々の保険料が安いので、払い込み期間が10年長いにもかかわらず、保険料総額が5万７６００円もおトクに。また保険期間は10年早くスタートするので、その分長くなります。しかも、この金額差は年齢が上がるほど大きくなります。

ちなみに死亡保障を対象とする生命保険は、自分に万が一のことがあったときに、生活に困る人がいる場合に入るのが基本。必要な期間に、必要な保障額をカバーするのが賢明。保険料が安いからといって、若いうちから、むやみに入る必要はありません。

（監修／畠中雅子さん）

WHICH IS BETTER?

保険期間が長い割に払い込み保険料が少ない若いうちの加入がおトク

Winner

BETTER?

iDeCoを受け取るなら 一括 VS 分割

ｉＤｅＣｏを受け取るときは、全額をまとめて１回で受け取った方が税金がおトク？　それとも分割で毎年少しずつ受け取った方がいいの？

ｉＤｅＣｏを受け取るときにかかる税金については、退職金と公的年金を合わせて考える必要があります。また一括受け取りと分割受け取りとでは、「所得」の種類が異なり、かかる税額も違います。

一括の場合は「退職所得」になります。ｉＤｅＣｏのほかに退職金がある場合は合算した金額から退職所得控除を引き、２分の１にした金額が退職所得。この金額に税金がかかります。ｉＤｅＣｏの受け取りにかかる税金はこの１回だけですが、65歳以降に受給する公的年金には

WHICH IS

一括受け取りと分割受け取りにかかる税金の比較

年間のかけ金27万6000円を30年間積み立て、65歳時に受給開始する場合。受け取り金額は運用益は考えずに828万円とする(分割の場合は年41万4000円を20年間受け取る)。ちなみに退職金は1000万円(勤続30年)、公的年金は150万円とする

65歳で**一括受け取り**した場合にかかる税金	65歳から**分割受け取り**した場合にかかる税金
23万4598円／年	**24万4093円／年**
(65歳以降、公的年金の受給で別途18万3798円の税金を払う)	(公的年金にかかる税金を含む)

※iDeCo、退職金、公的年金にかかる所得税、住民税、社会保険料の合計、配偶者ありで試算
※条件が変わると税額も変わります

別途税金がかかります。

一方、分割の場合は「雑所得」になります。公的年金と合算して公的年金控除を引いた金額が雑所得で、この金額に税金がかかります。税額は若干変化しますが、ｉＤｅＣｏを受給している間はずっと払うことに。また受け取り回数は年1回、2回、4回、6回が指定できますが、受け取るたびに４４０円の手数料がかかります。

以上のように引かれる税金や手数料を考えると一括がおトク。ただし、一括の場合は大金を手にして気が大きくならないように注意。計画的に使うことが大切です。


（監修／井戸美枝さん）

WHICH IS BETTER?

一括受け取りの方が支払う税金が少額ですみおトク

Winner

年金受給は 繰り上げ VS 繰り下げ

2022年に年金改正が行われました。改正点のひとつが、繰り下げ受給の上限が75歳まで延長されたこと。年金の受給開始は早いのと遅いのと、どっちがおトク？

BETTER?

年金の受給開始は原則65歳。65歳より前の受給開始を「繰り上げ受給」、65歳よりあとの受給開始を「繰り下げ受給」といいます。繰り上げると年金額は1か月当たり0・4％減額され、繰り下げると1か月当たり0・7％増額されます。受給開始後は、減額または増額された年金額を一生受給することになります。

同じ年齢まで生きた場合、繰り上げ受給は、繰り下げ受給よりも受給期間が長くなるので、1か月当たりの年金額が減っても、おトクのよう

WHICH IS

＼ 年金総額の比較（老齢基礎年金の場合）／

受給開始年齢	80歳までの総額	81歳までの総額
60歳	1241万3688円	1300万4816円
70歳	1214万9236円	1325万3712円

ここで逆転

※保険料納付済期間を480か月の満額で計算した場合

に思えます。しかし、じつはそうとも限らないのです。

前ページの表のように60歳から受給した場合、80歳までの受給総額は、70歳から受給した場合よりも上回っています。しかし、81歳以上になると70歳受給開始の受給総額の方が多くなります。遅く受け取り始めても、増額した年金を受け取り続けることで、受給総額が途中で逆転するというわけです。

81歳以降、長生きすればするほど受給総額の差は大きくなります。80歳女性の平均余命が12・12年（※）であることを考えると、繰り下げ受給の方がおトクといえます。


（監修／井戸美枝さん）

※厚生労働省「令和3年簡易生命表」

WHICH IS BETTER?

平均余命の延びを考えると
繰り下げして年金を
増額した方がおトク

Winner

Column 4

年金は何歳から受け取るのがおトク?

年金は受給開始年齢によって金額が違ってきます。平均余命が伸びている昨今、どのタイミングで受け取り始めるとおトクなのか? 悩ましい問題です。

受給開始年齢と年金額

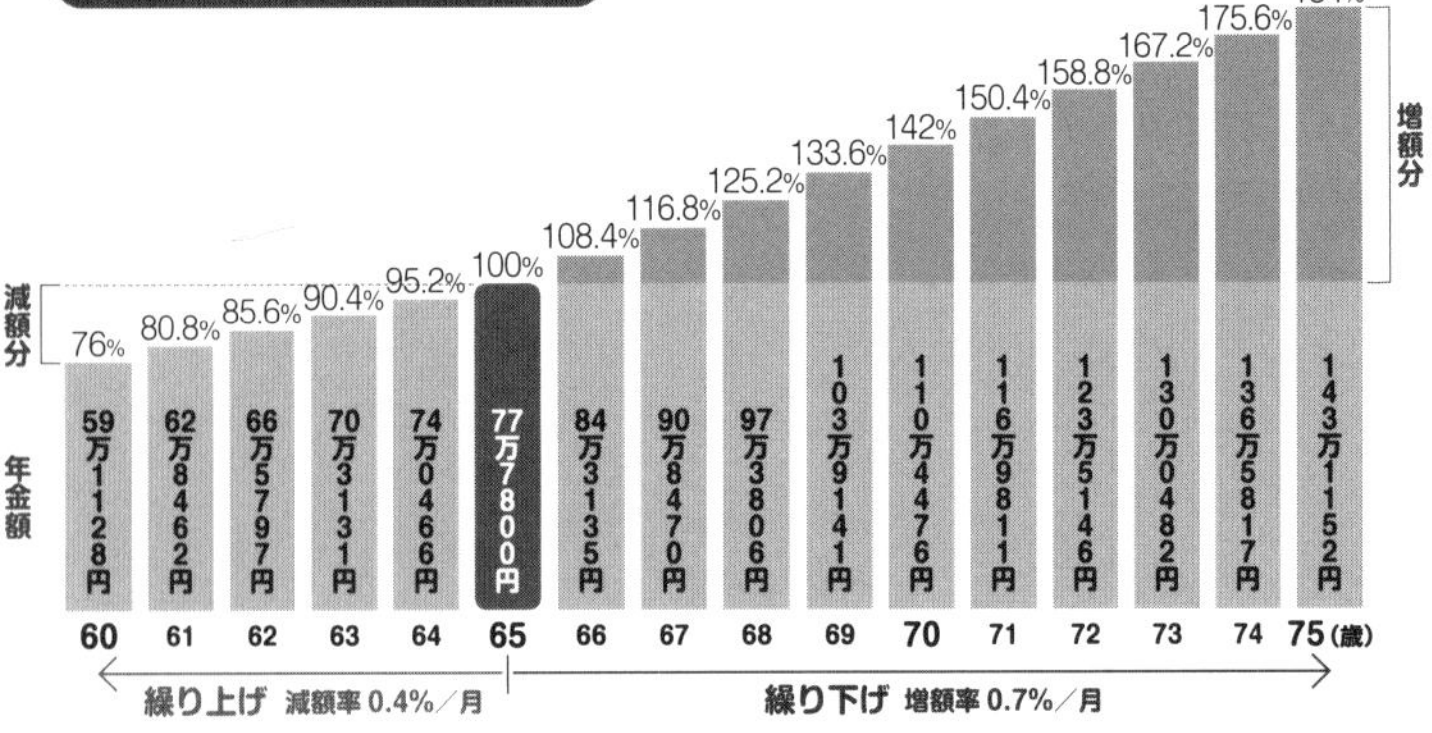

※老齢基礎年金を満額受給した場合。1円未満は四捨五入

年金の受給開始は原則65歳からですが、60〜75歳の間で受給開始を早めること(繰り上げ受給)や、遅くすること(繰り下げ受給)ができます。繰り上げると年金は1か月につき0.4%減額し、5年繰り上げて60歳から受給すると、65歳から受給するよりも、年額で約18万6600円(※)少なくなります。一方、繰り下げると1か月につき0.8%増額し、70歳開始だと65歳からよりも約32万6600円。(※)増えます。

70歳開始の人の受給総額が、60歳開始の人の受給総額を追い越すのは81歳のとき。何歳まで働くか、老後資金はいくらあるか、1か月の生活費はいくらかなど、家庭の家計やライフプランに合わせることが大事です。

(監修/井戸美枝さん)

※老齢基礎年金を満額受給した場合

Part 5

税金や社会保険にまつわるどっちがおトク？

WHICH IS BETTER?

所得税、贈与税、相続税、年金、健康保険…など、「難しそうで苦手！」という人にも、わかりやすくレクチャーします。自分やわが家にとって最適のおトクを選択しましょう！

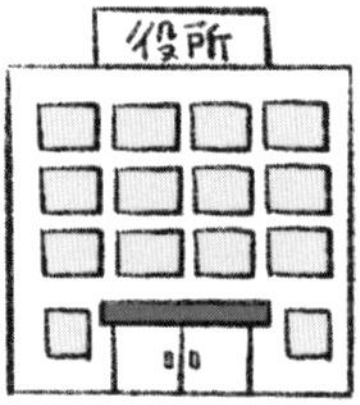

BETTER?

医療費で所得控除を受けるなら

医療費控除VSセルフメディケーション税制

1年間に支払った医療費は所得控除の対象となるので、確定申告すると税金が戻ってきます。一般的な医療費控除と「セルフメディケーション税制」とでは、どっちが節税効果が大きいのでしょうか?

サラリーマンでも確定申告すると税金が戻ってくる場合がありますが、その1つが医療費控除。その特例として「セルフメディケーション税制（スイッチOTC医薬品控除）」も選択できます。これは、厚生労働省が認定する有効成分を含む市販薬＝スイッチOTC医薬品（※）の購入費が、1年間（確定申告をする前年の1月1日～12月31日）で1万2000円を超えた場合、その超えた分が所得から控除される制度。たとえば1年間に、スイッチOTC医薬品を合計で2万円買った

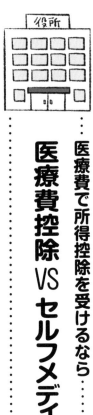

場合、８０００円が所得から引かれます。ただし、健康診断などの受診も必要。

一方、医療費控除は、１年間に払った医療費から健康保険などで補てんされた分を差し引いた額が10万円を超えた場合、その超えた分が控除に。医療費とみなされるのは治療費、入院費、薬代などのほかにも、通院にかかった交通費なども含まれます。特定の医薬品のみが対象のスイッチ

ＯＴＣ薬控除よりも、対象になるものが多い分、控除金額も多くなる傾向が。控除される上限額も、スイッチＯＴＣ薬控除の８万８０００円に対して、医療費控除は２００万円。

そして、ここがポイントですが、スイッチＯＴＣ薬控除と医療費控除は、「併用」はできませんが、じつは「合算」はできるのです。つまり、スイッチＯＴＣ医薬品の購入費を医療費控除の「医療費」に合算するのはＯＫ。合算すれば、控除金額が多くなります。

ということで、控除金額を多くすることが可能な「医療費控除」の方がおトクといえるでしょう。

（監修／畠中雅子さん）

※２０２２年分以降の確定申告（２０２３年以降に行うもの）では、「スイッチＯＴＣ医薬品」の一部が対象から外れ、新たに「スイッチＯＴＣ医薬品以外の医薬品」の一部が対象に加わります

WHICH IS BETTER?

控除対象に
薬代や交通費も含められる
医療費控除がおトク！

Winner

BETTER?

パートで働くとき年収106万円の壁を 越える VS 越えない

パートでも一定条件を満たす場合、年収106万円以上の人は社会保険に加入することになります。これが、いわゆる「106万円の壁」。壁を越えることになっても年収を増やした方がいいのでしょうか？

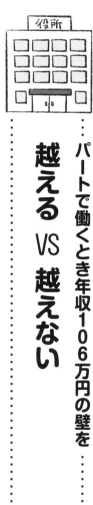

パートで働く人が、厚生年金や健康保険などの社会保険に加入するためには、いくつかの条件があります。その1つが、月収8万8000円以上であること。年収にすると約106万円なので、「106万円の壁」と呼ばれています。パート先の従業員数も条件の1つで、以前は501人以上でしたが、2022年10月から101人以上、2024年10月からは51人以上となり、加入対象となる人が多くなっています。

加入対象になると、社会保険に加入して保険料を負担することにな

WHICH IS

＼ 壁を越えて手取りを挽回する月収の目安 ／

	月収11万円	月収8万8000円
社会保険料	1万6910円	0円
所得税・住民税	1690円	1180円
手取り	9万1400円	8万6820円

4580円多い！

※社会保険料、税金の金額はあくまでも概算の目安です。状況に応じて変わります

り、年収は変わらないのに手取りが減るという〝働き損〟が発生。収入を調整して、社会保険に加入しないようにすることもできますが、社会保険に加入していると、年金が増える、病気やケガで仕事を休んだときに手当金が出る、万が一の場合の保障があるなどのメリットも。なお、月収11万円（年収132万円）になると、手取りが挽回し（前ページ表）、20年加入すると、さらに年金額が約14万5000円／年の増額となります。社会保険の加入対象となるなら、目先のお金より先々の保障をとった方がおトクといえるでしょう。

（監修／塚越菜々子さん）

※年収106万円以上でも、パート先の従業員数が100人以下など社会保険の加入条件を満たさない場合は、年収130万円まで夫の社会保険の扶養内のままです

WHICH IS BETTER?

年金額が増えるなどのメリットを考えると、社会保険料を負担しても壁を越えた方がおトク

Winner

BETTER?

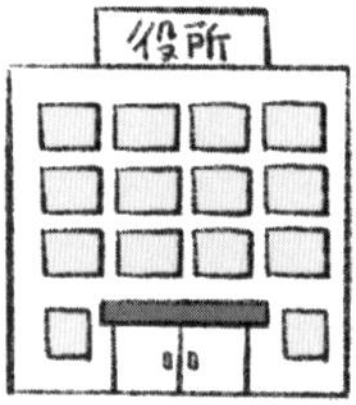

親からお金を受け取るなら
贈与 VS 相続

親が高齢になってくると相続のことが気になるもの。親がもっているお金は元気なうちにもらっておいた方がいいの？　亡くなってから相続した方が税金が安い？

税金面から考えると、親の資産は相続時に受け取った方が税金を安く抑えることができます。その理由は贈与税の税率の方が相続税よりも高いから（左表参照）。たとえば受け取るお金が１０００万円以下の場合、相続税率は10％ですが、贈与税率は30％。また税率が最高の55％になるのは、相続税は6億円超ですが、贈与税だと４５００万円超。親が元気なうちに４５００万円を超えるお金を受け取ると、半分以上が税金で引かれることになります。

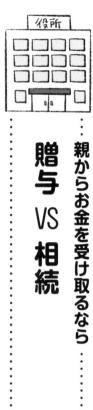

WHICH IS

贈与税の税率

受け取る金額	税率
200万円以下	10%
1000万円以下	30%
4500万円超	55%

相続税の税率

受け取る金額	税率
1000万円以下	10%
1億円以下	30%
6億円超	55%

※贈与税の「税率」は親から子、祖父母から孫の贈与で、「受け取る金額」とは基礎控除額110万円を引いたあとの金額
※相続税の「受け取る金額」とは、法定相続人に応じた基礎控除額を引き、法定相続分に従って分割したあとの金額
※税率をかけたあと、別途それぞれの「控除額」を差し引いた金額が贈与税額、相続税額になる

贈与税を抑えるには、「暦年贈与」という方法があります。年間110万円までの贈与は非課税なので、たとえばこれを10年間行えば、1100万円を非課税で受け取ることができます。またその分、親の資産が減るので相続税対策にもなります。ただし、年間110万円以下なので、まとまった金額を受け取るには年数がかかることと、親が死亡する3年以内に受け取った分は、贈与ではなく相続とみなされて相続税の対象になる点を注意。贈与にしても相続にしても、親子で早めに話し合うのが賢明といえるでしょう。

（監修／小林義崇さん）

WHICH IS BETTER?

贈与税の税率は高いので税金のことを考えると相続で受け取った方がおトク

Winner

実家を相続したら
売る VS 貸す

両親が他界したあと、だれも住まなくなった実家は、思いきって売った方がいいのでしょうか？ それとも人に貸して家賃収入を得た方がおトクなのでしょうか？

BETTER?

両親が他界して残された実家に自分や親族が住まない場合、実家を売るか貸すことになります。思い出がつまった実家を売却するのが忍びなく、当面はそのままにしておくこともできますが、いずれはどちらかを選択することになるでしょう。

売る場合は、不動産会社に支払う仲介手数料や片づけ費用などの諸経費のほかに税金がかかることもありますが、すぐにまとまったお金を受け取ることができます。

W H I C H I S

売った場合と買った場合の手取りはこうなる！

売った場合の手取り
＝
売却価格
－（諸経費＋税金）

家の売却価格から、売却にかかる諸経費と税金分を引いた金額が手取りになる

貸した場合の手取り
＝
賃料 － 初期費用の回収＋税金＋修繕維持費＋管理業務委託料

リフォーム代などの初期費用のほか、もろもろの税金、修繕維持費、管理会社への業務委託料などがかかる。手取り額は賃料からこれらの費用を引いた金額

一方、貸す場合は、築年数や状態にもよりますが、リフォーム代を含めた初期費用が100万円以上になることも少なくありません。初期費用は家賃収入から管理会社への業務委託料や固定資産税・都市計画税、収入に応じた所得税・住民税などの税金を差し引いた分で回収するため、利益を出すまでには、ある程度の時間がかかるのが一般的です。

というわけで、実家が安定的に賃貸需要の見込めるエリアにあり、長期的な賃貸経営に取り組める場合を除いては、売って確実にお金を手にする方が、おトクといえるでしょう。

（監修／永田博宣さん）

WHICH IS BETTER?

当座の持ち出し分がなく
確実にお金が入るので
売った方がおトク

Winner

Column 5

給料から税金と社会保険料は、いくら引かれているの?

「給与明細は受け取るだけでほとんど見ない」という人が多いのでは? 給与から引かれている税金と社会保険料についてチェックしてみました。

給与明細で税金と社会保険料をチェック!

Check!

給料が増えると保険料も増える

税金、年金や健康保険などの社会保険料は、給料をベースに算出しているので、昇給したら、保険料も増額します

Check!

厚生年金加入者は自動的に国民年金にも加入

国民年金の保険料は、厚生年金保険料からまとめて拠出されているので、別途、納付する必要はありません。また保険料の負担は労使折半です

Check!

払いすぎた分は年末調整で戻ってくる

住宅ローンがあったり、生命保険や地震保険などの保険料を払っている場合などは、年末調整することで、給与天引きされた所得税の一部が戻ってきます

支給	基本給	職能給	資格手当	家族手当	住宅手当	通勤手当
	残業手当	深夜手当	休日手当	外勤手当		
控除	健康保険料	介護保険料	厚生年金保険料	雇用保険料	所得税	住民税
	組合費	財形貯蓄	社宅・寮費	社員食堂利用料	立替金返済	

総支給金額	控除合計額	差引支給額	銀行振込額	

Check!

介護保険料の天引きは40歳からスタート

40歳になると、介護保険料が天引きされるので手取りがダウン。40歳間近の人は、減った分をどこでカバーするか家計の見直しを

Check!

22年10月から保険料がアップ

社会保険料率はここ5年ほど低水準に抑えられていましたが、2022年4月と10月の2段階に分けて引き上げられました。たとえば月収30万円の場合、保険料の負担が約600円増額

Check!

「住民税」はどこに住んでいても10%

住民税のうち、所得に比例して課税される税率は全国一律10%。「自分が居住している場所は住民税が高い」というのはよくある誤解

(監修/畠中雅子さん)

Part 6

住宅にまつわる どっちがおトク?

WHICH IS BETTER?

マイホームは人生最大の買い物。購入金額が大きい分、しっかり見きわめるとおトクも大きくなりますが、見誤ると損するお金も大きい。ここはしっかりおトクを判定しましょう！

BETTER?

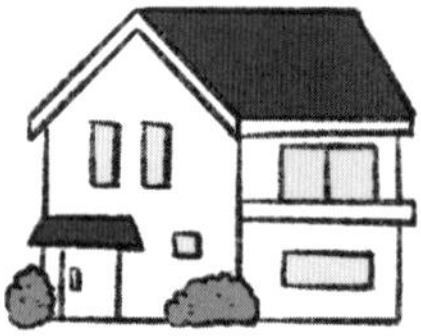

住宅ローン返済中なら
繰り上げ返済 VS 借り換え

住宅ローンの返済期間は長くなればなるほど、家計への負担も大きくなります。返済額を少しでも減らすなら、繰り上げ返済するのと借り換えるのと、どっちがおトク？

住宅ローンの借り換えをする場合は、手続きに手間がかかり、さらに保証料や抵当権設定費用などがかかります。その点、繰り上げ返済なら、ほとんどの銀行が手数料無料で、ネットでの返済もＯＫ。手軽さという点では繰り上げ返済に軍配が上がりますが、おトク度では借り換えが優位に。

その比較を左の例で見ていきましょう。たとえば、10年前に金利１・８％で借りたローンをそのまま完済した場合と、途中で金利０・５％

WHICH IS

10年前に住宅ローンを2400万円借りた場合

返済方法	**借り換えで** 金利1.8%が↓ **0.5%にダウン**	**繰り上げで** **200万円を返済**
トクした額	**約276万円** （借り換え費用を差し引いて）	**約49万円**

※借り換え後の金利は、ネット銀行の変動金利で計算。金利は変動しますが、ここでは変動しない前提で試算をしており、将来の返済額を確約したものではありません
※ローン残高、ローン金利、返済期間、繰り上げ返済額などによって、おトクになる金額は異なります

のローンに借り換えた場合では、総返済額に約326万円の差が出ます。借り換え費用に50万円かかったとしても、総返済額が約276万円減っておトクです。

一方、借り換えしないで200万円を繰り上げ返済した場合は、総返済額が約49万円しか減りません。つまり借り換えした方が227万円以上おトクということ。

ということで、1%以上の金利で借りている場合は、より低い金利のローンに借り換えた方がおトク。ただし、返済期間が10年をきっている場合は、借り換えは費用を払ってもおトクになるかを試算してから決断を。

（監修／畠中雅子さん）

WHICH IS BETTER?

借りているローンの金利が1%を超えている場合は

借り換えの方がおトク

Winner

BETTER?

住宅ローンは 繰り上げ返済する VS 繰り上げ返済分を貯金

住宅ローンは繰り上げ返済するとおトクだといいますが、その分貯金した方がなにかあったときに安心という人も多いのでは？　繰り上げ返済するのと貯金を増やすのと、どっちがおトクなの？

繰り上げ返済した場合に節約できる金額を、左表を例に説明しましょう。たとえば、9回目まで返済した時点で、10～12回目の3回分の元金（11万78円）を繰り上げ返済したとします。繰り上げ返済金はすべて元金の返済に充てられるため、11万78円が返済され、本来なら払うべきだった3回分の利子分である約7万３６３０円が節約できることに。

繰り上げ返済額を増やせば、節約できる利子はさらに増え、おトクも大きくなります。このように、繰り上げ返済は貯金や投資よりも確実に

WHICH IS

・住宅ローン返済の例・

(単位/円)

住宅ローン	返済額	元金分	利子分	借入残高
1回目	61,236	36,237	24,999	19,963,736
∫	∫	∫	∫	∫
9回目	61,236	36,600	24,636	19,672,233
10回目	61,236	36,647	24,589	19,635,586
11回目	61,236	36,692	24,544	19,598,894
12回目	61,236	36,739	24,497	19,562,155
13回目	61,236	36,784	24,452	19,525,371

※上の表は借入金2000万円、金利1.5%、35年ローン、元利均等返済の場合
※表の10〜12回目の3回分の元金11万78円を繰り上げ返済すると、利子が約7万3630円（10〜12回目の利子分）節約できることに

おトクということに。

とはいえ、繰り上げ返済したせいで貯金がなくなるのは不安なものです。残しておくべき貯金額は、家を買ったあとの貯蓄ペースによって異なりますが、以前と同じように貯蓄できている場合は100万〜200万円が目安。ローン返済や固定資産税などで家計が苦しくなり、貯蓄ペースが落ちている場合は300万〜400万円の貯金を確保しておきましょう。

結果として、貯金はある程度残す必要はありますが、繰り上げ返済した方がおトクといえるでしょう。


（監修／畠中雅子さん）

WHICH IS BETTER?

利子節約効果は大！
繰り上げ返済する方が
かなりおトクな結果に

Winner

BETTER?

低金利の今、住宅ローンを組むなら

固定金利VS変動金利

住宅ローンを組むなら金利が低い変動金利がおトク？　それとも今後、金利が上がるかもしれないから固定金利を選ぶ方が安心？

結論は、ズバリ！　変動金利の方がおトク。金利が固定金利より低いことは、やはり有利です。その理由は、金利が低い＝支払う利子が少なくなるので、月返済額に占める元金の割合が大きくなり（※）、元金をどんどん返済できる、つまり、「元金＝ローン残高」を早く減らせるからです。実際、左表の例は、変動金利の方が固定金利よりも、月返済額が1万3980円も少ないにもかかわらず、10年後のローン残高は変動金利の方が約101万円も少なくなっています。

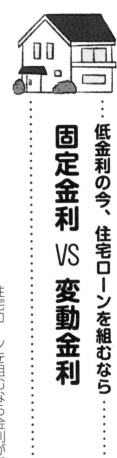

WHICH IS

固定金利と変動金利の
\ 10年後のローン残高の比較 /

	月返済額	10年(120か月)後の ローン残高
固定金利	9万1855円	約2297万円
変動金利	7万7875円	約2196万円

約101万円の差が!

※3500万円の物件に頭金500万円を入れて、3000万円の住宅ローンを 組んだ場合。固定金利1.5%、変動金利0.5%、返済期間35年として計算

変動金利は、金利が上がるかもしれないという不安から、選択することをためらうかもしれません。しかし、仮に10年後の金利が今の金利（0・5％で計算）の3倍（1・5％で計算）になったとしても、ローン残高が少なくなっているので、月返済額は固定金利よりも少ない8万7826円。じつは、変動金利は、金利が上がっても月返済額を抑えられるのです。

また、前ページの例では、変動金利と固定金利との10年間の総返済額の差は約168万円。この約168万円を繰り上げ返済に充てれば、もっとおトクです。

（監修／畠中雅子さん）

※「元利均等返済」の場合

WHICH IS BETTER?

今後、金利が上がったとしても
金利が低い**変動金利**で
ローンを組んだ方が**おトク**

Winner

BETTER?

マイホームを買うなら

新築VS中古

マイホーム購入を考えている人にとって、新築と中古のどちらがおトクかは、悩ましい問題。中古を買うなら築何年くらいのタイミングで買えばいいの?

答えはズバリ! 中古の方がおトクです。というのは首都圏など不動産需要が高い一部の人気エリアを除いて、新築は購入後すぐに価格が下がるからです（左のグラフ）。値下がりする理由は、新築の販売価格には営業費、宣伝費、モデルルーム運営費などの諸経費がプラスされているので、購入後の査定価格は、それらの諸経費が引かれたものになるから。

マンションも一戸建ても、築1年で査定価格がガクンと落ち、一戸建

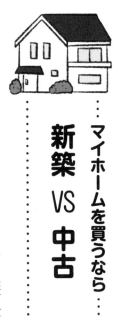

WHICH IS

中古住宅の価格査定の例

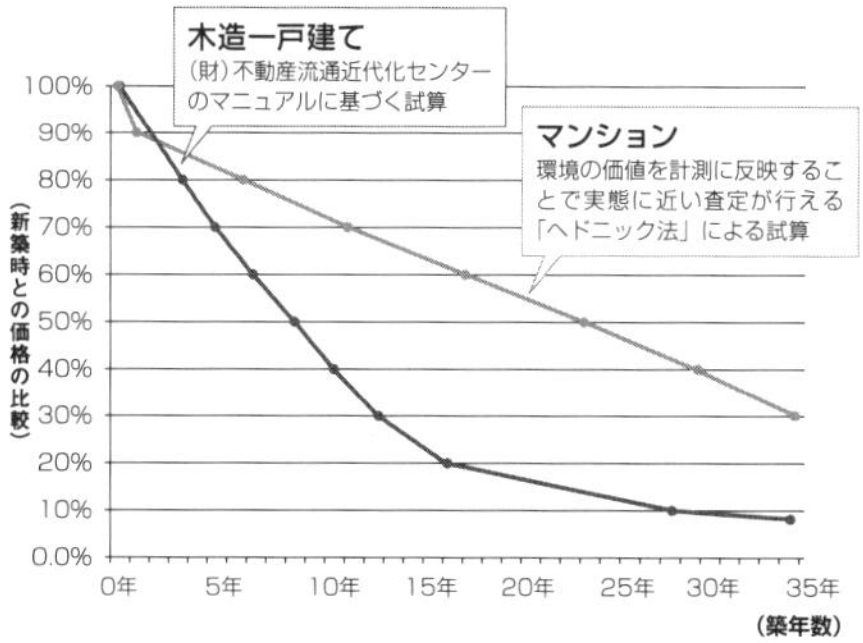

※国土交通省「中古住宅流通、リフォーム市場の現状」を参照

てはその後も急落するのに対して、マンションは減り方がゆるやかに。それは、木造の一戸建ては、鉄筋コンクリート造のマンションよりも経年による資産価値の減少が大きいことにあります。一戸建ての査定価格は5年経過で購入価格の30％減、10年で半値以下に。マンションは5年で20％弱、10年で25％減ることに。

ということで、新築時の価格から値下がりして割安になった中古の方がおトク。また、リフォームずみで価格が高い物件よりも、リフォームなしの安い物件を買い、購入後にわが家仕様にリフォームするのがおすすめです。

（監修／沖 有人さん）

WHICH IS BETTER?

値下がりして価格が落ち着いた頃の中古を買う方がおトク

Winner

住まいを決めるなら
もち家VS賃貸

家を買うか、一生賃貸暮らしをするか…。永遠の論争の正解は？　トータルコストでは、果たしてどっちがおトクになるのでしょうか？

もち家と賃貸に50年間、住み続けた場合の総費用を左記の条件で比較すると、約３００万円ほどもち家の方が安く抑えられています。しかし、この金額は今後金利が上昇するなど条件が少し変われば逆転する可能性が十分考えられます。

もち家と賃貸の比較では、金額以外の要素も考慮する必要があります。賃貸のメリットの１つは家族構成や通勤・通学先が変わったり、近隣トラブルがあった場合などに気軽に引っ越せること。

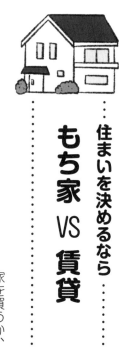

WHICH IS

もち家と賃貸物件で
50年間にかかる費用の比較

もち家

4000万円の新築マンションを住宅ローン3500万円、固定金利1.4%、35年返済で購入した場合

合計 **7990万円**

(購入時費用660万円、住宅ローン返済額4430万円、維持管理費2100万円、リフォーム代800万円)

賃貸

家賃12万円(1~10年目)、15万円(11~30年目)、12万円(31~50年目)で借りた場合

合計 **8328万円**

(家賃7920万円、更新料、引っ越し代その他費用408万円)

※金額は概算で、保険料などは考慮していません

ただしリタイア後、収入が年金だけになると賃貸先の選択肢が狭まることも。駅近、築浅、環境良好といった好条件の物件は、家賃が多少高くても借り手がいるので、現役世代に貸したいと考える大家さんもいます。収入面だけではなく、借り手が高齢者だとなにかあったときの不安があるからです。賃貸派は次の賃貸先が見つからなければ今の住まいに住み続けるしかなく、「気軽に引っ越せる」というメリットがなくなってしまいます。

その点、もち家は安心。またもち家は住宅ローンを完済したら「資産」にもなり、その点もメリットです。

（監修／永田博宣さん）

WHICH IS BETTER?

総費用は
賃貸の方が若干高め。
老後のことを考えると
自分の家があるのは
やっぱり安心

Winner

Column 6

業界の人に聞いてみました!

知っているとおトクな 不動産業界のウラ話

まことしやかにささやかれる不動産業界のウラ話。
ホントのところはどうなの? 知らないと損したり、
知っているとトクすることがあるのでしょうか?

今どきの「早く契約しないと売れちゃいますよ」は ホント

以前は営業マンが「ほかにもこの物件を気に入っているお客さんがいる」などと言って、焦らせて買わせる手口もありましたが、今は物件数が減少傾向にあるので、本当に早く契約しないとほかの人に取られてしまうこともあります。そうはいっても不動産は高い買い物なので、即決するのは難しいです。マイホームが欲しいと思ったら、できるだけたくさんの物件を見て、物件のよしあしを見きわめるトレーニングをしておくこと。コレ! と思う物件に出合ったときに、迅速に判断して行動できるようにしておくことが大事です。

相続した不動産を売るときは 安く買いたたかれないように ご用心

不動産は買うよりも売る方が難しいものです。特に、親の家を相続して、相続人が複数いる場合。早く売ってお金を分けたいと考える人が多いので、そこを業者に読まれて、安く買いたたかれるケースがあります。不動産の価格は土地の形、高低差、接している道路などによってさまざまです。一般人には業者が提示した価格が妥当かどうかわかりにくく、言われたままの価格で売ってしまうケースが少なくありません。対策としては、まったく系列の異なる複数の不動産業者で見積もりをとること。他社で見積もりをとっていることをアピールして業者同士を競わせるのも有効です。

不動産広告のすみっこに「告知事項あり」は ワケあり物件

過去に殺人事件・自殺などがあったり、特殊清掃が行われたりした、いわゆる「事故物件」は、契約前に買主や借主に告知することが義務づけられています。告知義務の期間は、売買の場合は経過期間に制限はありませんが、賃貸の場合は3年とされています。不動産チラシの右下に小さく「告知事項あり」と書いてある場合は、まず事故物件と思って間違いないでしょう。

（監修／永田博宣さん）

Part 7

教育費にまつわるどっちがおトク？

WHICH IS BETTER?

子どもを育てて大学まで入れるのに、ひとりにつき1000万円かかるともいわれています。国の子育て支援制度や奨学金を利用するなど、教育費を少しでも節約するポイントをお金のプロが教えます。

BETTER?

「幼児教育・保育の無償化」の今、幼稚園を選ぶなら

公立VS私立

無償化になる前は、保育料は私立幼稚園の方が公立よりも高めでしたが、無償化になった今は、公立と私立のどちらを選択した方がおトク？

国の子育て支援策の一環として、3～5歳の保育料が無償になっています。保護者が手続きすることなく、無償になるのは認可された幼稚園や保育園、認定こども園です。〝無償〟といっても、保育料が全額、無料になるわけではなく、給食費や送迎バス代などは保護者の負担になります。

幼稚園の保育料の月額は、公立は約1万円、私立は2万7600円（左表）。公立は保育料の約1万円が無償になりますが、私立は

WHICH IS

\ 幼稚園についての公立と私立の保育料の比較 /

	公立	私立
年額	12万738円	33万1378円
月額	約1万円	約2万7600円

※「平成30年度子供の学習費調査の結果について」(文部科学省)参照

2万7000円を超える保育料が無償化されることになります。負担分の少ない公立の方がおトクな気もしますが、視点を変えると、公立は給付金を約1万円しか受け取ることができませんが、私立は2万7000円を超える給付金が受け取れることになります。もらえるお金が多いという点では、私立の方がおトクという見方もあります。

また、「預かり保育」の必要性が認められた場合は、上限で月1万1300円が給付（※1）。預かり保育については、ほとんどの私立で実施されていますが、公立は7割程度（※2）。預かり保育が利用しやすく、給付金を受給しやすいという点でも、私立がおトクかも。

（監修／畠中雅子さん）

※1　無償化の対象になるためには、住んでいる市町村から共働き家庭など「保育の必要性の認定」を受ける必要あり

※2　私立96・9％、公立70・5％。「令和元年度 幼児教育実態調査」（文部科学省）より

WHICH IS BETTER?

給付金を限度額いっぱい
利用できるという点では
私立の方がおトク

Winner

BETTER?

進学先の高校を選ぶなら

公立VS私立

私立高校の授業料が実質的に無償化の今は、公立か、私立かの選択が、世帯収入に左右されにくくなっています。となると、どっちに進学した方がおトク？

高等学校等に通う生徒に対しては、授業料に相当するお金を給付する「高等学校等就学支援金制度」が設けられていますが、この制度により、私立高校に通う生徒への支援が手厚くなっています（左図）。年収約５９０万円未満の世帯で、私立高校に通っている場合、支援金の上限額は39万６０００円。この支援金で私立高校の平均的な授業料がまかなえるため、実質的に授業料が無償化になるというわけです。

また、私立高校では、大学受験の際に指定校推薦制度を広く利用でき

全日制高校の場合の支給額　※定時制・通信制の場合、支給額が異なります。

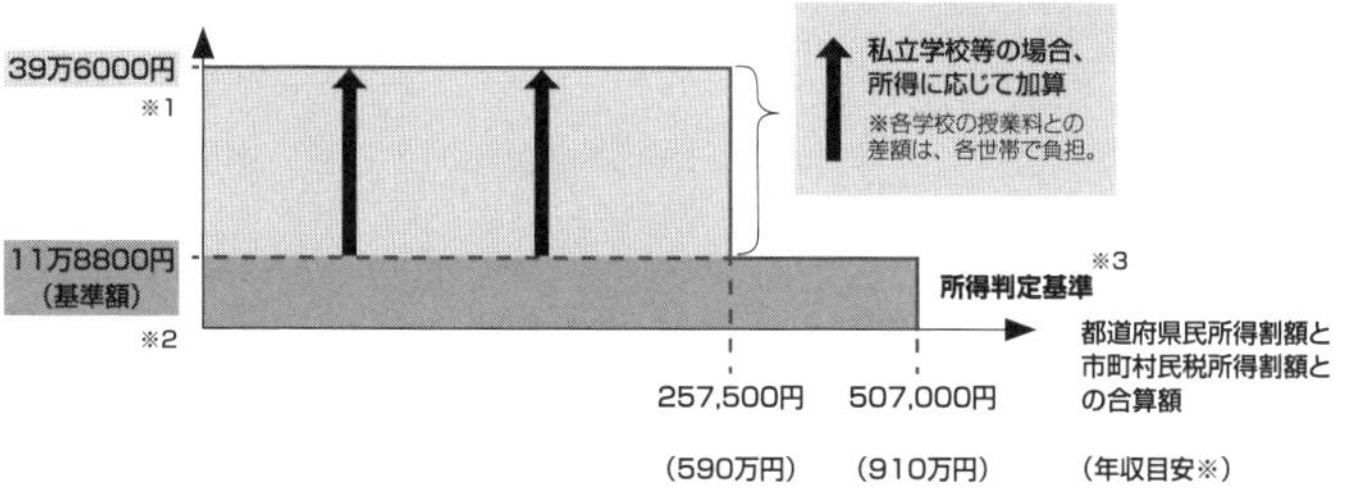

※1　私立高校（全日制）の場合の上限。私立高校（通信制）は29万7000円、国公立の高等専門学校（1～3年）は23万4600円が上限額
※2　公立高校に通う生徒には、これまで通り公立高校の授業料に相当する11万8800円が支給
※3　年収約590万～約910万円未満の世帯に関しては一部支払いとなる（両親、高校生、中学生の4人家族で、両親の一方が働いている場合の目安）

ます。推薦枠を獲得するには一定水準の成績を修める必要がありますが、推薦が決まれば受験するのは、その大学1校のみ。一方、公立高校は推薦制度が少なく、一般入試で受験する生徒が多いので、複数校受験することになり、そのため受験料の負担が大きくなります。

私立高校に通う生徒への支援が手厚くなってきたことや、私立高校の場合、大学に推薦入試で進学するケースが多く、受験料負担が軽くてすむなどをトータルで考えた場合、私立高校の方がおトクなケースも少なくないでしょう。

（監修／畠中雅子さん）

WHICH IS BETTER?

授業料無償化と
推薦入試制度の
利点を考えると
私立の方がおトク

Winner

BETTER?

大学資金を貯めるなら
学資保険 VS 預貯金

学資保険は元本割れするって聞くし、超低金利時代で預貯金には利息もほぼつかないし…。子どもの大学資金って、どうやって貯めるのがいちばん効率的でおトクなの？

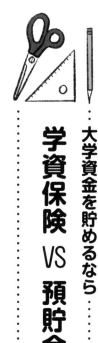

数年前に、私立高校の授業料が実質無償化（所得制限あり）になったので、高校までの教育費負担はかなり軽くなりました。が、大学資金は従来どおり入学までに用意する必要があります。今の時代、どうやって貯めると効率がいいのが、悩ましい問題です。

超低金利時代に入ってから、元本割れする学資保険が頻出しましたが、預貯金よりも有利な商品もあります。たとえば左表の例のように、加入後、10年といった短期間にまとまった保険料を払い込み、その後は

**加入後に短期間で保険料を
払い終える学資保険の例**

保険料払い込み期間	10年
月々の保険料	2万3320円
受け取り総額	300万円
払い込み保険料の総額	279万8400円
払い込み保険料と受け取り金の差額	20万1600円
返戻率	約107.2%

※日本生命「ニッセイ学資保険」で試算
※契約者：男性30歳　子ども：0歳、18歳学資年金開始
　年1回、合計5回受け取り、「こども祝金」なしの場合
※子どもの年齢が低いうちに加入した方が返戻率が上がる

据え置いて、高3の年に教育資金の支払いが始まるというもの（4〜5回に分けて年1回受け取るのが一般的）。最初の短期間で払い終えた保険料が運用されることで、払い込んだ保険料総額よりも、受け取るお金の方がより多くなり、貯蓄性がよくなるというわけです（※）。

ただし、短期間にまとまった保険料を払うので、月々の保険料は高めに。支払いが厳しい場合は児童手当を保険料の一部に充てるのがおすすめ。ということで利息がほとんどつかない預貯金より、なるべく短期間で、まとまった保険料を払うタイプの学資保険の方が貯蓄性があっておトクといえます。

（監修／畠中雅子さん）

※今回参考の学資保険は保険料が18歳払い込みの場合でも預貯金より有利になるもの

WHICH IS BETTER?

貯蓄性が高く
払い込み期間が短い
学資保険を
選ぶのがおトク

Winner

BETTER?

大学進学費用がたりないときは

奨学金 VS 教育ローン

上の子の進学費用はなんとかなっても、2人目以降は貯金だけでまかなえるか不安な人も多いのでは？ 進学費用を借りるなら奨学金と教育ローンでは、どっちがおトク？

大学進学資金がたりない場合、奨学金を借りるのがいいの？ それとも教育ローン？

総返済額で比べると、教育ローンより利子が低い奨学金に軍配が上がります。ただし、奨学金は基本的に入学後に振り込まれるので、入学金や前期授業料など入学前に必要なお金がたりないときは間に合いません。また、予約採用の申込時期が高校3年生の春頃なので、早めに計画する必要があります。

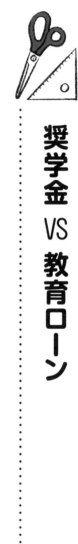

WHICH IS

300万円を借りた場合の奨学金と国の教育ローンの返済額の差

奨学金（有利子タイプ）		国の教育ローン
0.369％（※）	利子	1.8％
1万7134円	月々の返済額	1万9030円
15年間	返済期間	15年間

※令和4年度10月の利率固定方式の金利が続いたと仮定した場合の金利

一方、教育ローンは入学前に借りることができます。公的機関の教育ローンには、日本政策金融公庫の「国の教育ローン」があり、全国どこの取扱金融機関で申し込んでも条件は同じです。民間の金融機関で扱っている教育ローンの場合は、金融機関によって金利がまちまちなので、金利の比較が重要。入学手続き前の1～3月にはキャンペーン金利を打ち出すところも多いので、確認してみましょう。

契約者＝返済する人は、教育ローンは親、奨学金は学生本人という違いがあります。いずれにしても、返済に無理がないよう借入金額は慎重に決めるのが賢明です。

（監修／畠中雅子さん）

WHICH IS BETTER?

総返済額で比べるなら
金利が低い
奨学金の方がおトク

Winner

おわりに

人生は選択の連続です。

あっちも、こっちも選べない。

どれかひとつに決着をつけなくてはいけない。

『ESSE』の人気連載「どっちがおトク？」では、毎号、この悩ましい選択の回答を、そのジャンルのプロの方にお願いしてきました。すんなりと答えが出るケースはまれで、利用する人の生活パターン、お金に対する考え方、なににおトクを感じるかの価値観などによって、答えが異なる場合が多いです。

監修者の方々には、そういった人によってどちらがおトクかが異なるテーマについて条件を設定していただき、より多くの読者の皆さまが納得、共感できる答えを導き出していただきました。この場をお借りして、監修者の方々に深く御礼申し上げます。

そしてなにより、『ESSE』の「どっちがおトク？」の連載を読んでくださる読者の皆さまに心から感謝いたします。連載が続いているのも、このたび書籍化されるのも、皆さまのご支援があってこそです。今後も、皆さまの「どっちがおトク？」にお答えすることを目指して参ります。

この本が、皆さまの暮らしのおトクに、ささやかでもお役に立つことができましたら、それに勝る喜びはありません。

ESSE編集部「どっちがおトク？」班

STAFF

デザイン　國枝達也
イラスト　あべさん、ニッパシヨシミツ
校正　小出美由規
取材・文　田中直子
編集協力　米倉永利子
編集　市原由衣

［ESSEの本］
少しでもお金で得するのはどっち？

2023年1月30日　初版第1刷発行

発行者　小池英彦
発行所　株式会社 扶桑社
〒105-8070
東京都港区芝浦1-1-1　浜松町ビルディング
電話　03-6368-8873（編集）
電話　03-6368-8891（郵便室）
www.fusosha.co.jp

印刷・製本　株式会社広済堂ネクスト

ISBN978-4-594-09383-9